上海文物商店藏品集

江海琳琅

JIANG HAI LIN LANG

上海文物商店 編

上海書畫出版社

上海文物商店藏品展览

谢稚柳题

前言

Preface

上海，素有“江海之通津，東南之都會”之譽。1843 年開埠以後，上海迅速成爲中國最大的工商業城市，最重要的經濟、金融、貿易、航運中心，雄踞遠東第一大都市之寶座。

經濟的繁榮也極大地促進文化的發展。近代以來，上海積纍了豐富的文物藝術品資源，大量文物在此集散，古玩商業發達，收藏大家雲集，上海也被稱爲中國文物收藏的半壁江山。

廣東路，舊稱“五馬路”，民國時期已成爲上海古玩交易的中心。上海文物商店在廣東路的經營已有百年歷史，雛形可追溯至清晚期五馬路上的茶樓市場，前身和原址是民國十年（1921）籌建的中國古物商場和民國二十一年（1932）增設的上海古玩市場。1956 年，兩個市場合并爲公私合營的“上海市古玩市場”。之後上海市古玩市場曾一度停業，幾經變遷，于 1978 年恢復經營，并更名爲“上海文物商店”。

立店以來，上海文物商店恪守以商養藏、誠信致遠的宗旨，在文物主管部門的領導下，遵守和執行國家文物政策，致力于社會流散文物的徵集、保護、庋藏、整理、研究和經營。歷任領導傾盡心力，幾代職工接續努力，爲國家文物事業發展和繁榮文物藝術品市場做出巨大貢獻。

文物是歷史的見證，藝術的展現，承載燦爛文明，維繫民族精神。保護祖國文化遺産，弘揚優秀傳統文化，促進藝術交流，推動經濟發展，始終是我們的重要職責。值此建店百年之際，我們遴選上海文物商店所收藏的部分繪畫、玉器、瓷器、雜項精品，舉辦展覽并集結成册，與廣大讀者分享，既是對歷史和藝術的致敬，也是對國有文物商店優良傳統的繼承和保存。

目録

Contents

繪畫 （24幅）

瓷器 （15件）

玉器 （24件）

雜項 （12件）

繪畫

近現代——中國繪畫史上的新生期

凌利中

由于主客觀多方面的特殊原因，多年以來，要較爲公正客觀地認識近現代中國文人畫所取得的成就，存在着諸多的障礙。如果我們以冷静理智的態度，客觀地對近現代所涌現的有成就文人畫家與歷史作一比較，就會發現無論從其整體陣營上，還是從個體的藝術成就上，不但與明清之際有許多類似之處，甚至某些優秀畫家比之前代對中國畫的發展更具開拓的意義，并没有如許多學者所認爲的“式微”。

客觀方面，二十世紀初至八十年代的近現代，無論是中國傳統的文化價值觀，還是其賴以生存發展的社會現狀，都在經受着史無前例的深刻變革與考驗，呈現于畫壇的是一個充滿着傳統與現代、中國與西方、破壞與重建等諸多矛盾的多元化狀况。國家的罹難、時局的動蕩、經濟的落後、中西方價值觀的巨大衝撞，使得傳統文人畫的社會學價值面臨着巨大的質疑——“他日當有合中西而成大家者，日本已力講之，當以郎世寧爲太祖矣。如仍守舊不變，則中國畫學，應當滅絶”（康有爲《萬木草堂藏畫目》），“中國畫學之頽敗，至今日已極矣”（徐悲鴻《中國畫改良之方法》）。一時之間，思潮雲起，畫派紛呈：如徐悲鴻、劉海粟、林風眠等以西洋畫改造中國畫的“中西合璧型”；亦有一大批如黄賓虹、吴湖帆、潘天壽等堅持傳統的民族性，努力在中國傳統繪畫内部探索及尋求新繪畫語言的“傳統文人畫型”。這種多元并存的繁榮情形無疑是中國美術史上的輝煌一頁，然而對于文人畫來説，無形間却動摇了其自宋元以來在中國繪畫史上的主導地位，使得文人畫的價值再一次變得模糊不清。

主觀方面，七十年代以後的許多中青年畫家、學者，一方面先入爲主地受到了西方現代藝術觀念的影響，加之中西方經濟的巨大落差，凡此種種，曾一度動摇了他們對于傳統文化價值的自信心，往往是“西方的月亮比東方的圓”；另外，“文革”以後的大多數中青年畫家、學者，由于歷史所造成的客觀原因，缺乏對于傳統價值的重視，缺乏對深諳傳統的老一輩畫家的尊重，没有認真地向他們學習，當然，有的是没有接觸機會。總之，他們在青年學習入門階段没有如前輩畫家那樣認真系統地學習優秀的傳統，正如陸儼少先生所説的“第一口奶没吃好”，出于對傳統在認識與理解上的嚴重不足，故而得出“文人畫至吴昌碩已終結”的謬論與“一代不如一代”的悲觀結論，這種觀念對于整個畫壇與學術界一度帶來了莫大的陰影。

如果我們理智地繞開上述種種主客觀方面的障礙，撥開政治、社會、經濟等非關藝術本質的迷霧，那麽，我們就會得出如黄賓虹“今人杰作，可勝古人”（《黄賓虹談藝録》）那樣的樂觀結論。事實上，如果我們以冷静的態度，客觀地對近現代所涌現出的有成就之文人畫家與歷史作一比較的話，就會發現無論從其整體陣營上，還是從個體的藝術成就上都起到了承前啓後、開拓創新的作用。他們的藝術成就無愧于古人、無愧于中華民族燦爛優秀的文化傳統，他們的藝術時代無疑處于中國文人畫史上的新生期。

明清之際，在董其昌的文人畫藝術思想影響之下并代表此時期藝術成就的畫家有“四高僧”——八大山人、石濤、髡殘、漸江，及“四王吴惲”——王時敏、王鑒、王翬、王原祁、吴歷、惲南田，甚至再加之“金陵八家”中的龔賢，“揚州畫派”中的金農、汪士慎、高鳳翰之輩，海派中的吴昌碩、趙之謙、任伯年、虚谷等。近現代在傳統意義上有成就的代表畫家則有黄賓虹、齊白石、吴湖帆、張大千、賀天健、錢瘦鐵、潘天壽、陸儼少、張大壯、關良、傅抱石、白蕉、來楚生、唐雲、謝之光之輩。上述諸家作品，大都可見于本書，如虚谷《八哥秋菊圖》軸、趙之謙《玉堂富貴圖》軸、吴昌碩《葫蘆圖》軸、任頤《仙人圖》軸等。

石濤 (1640–1707) 和黄賓虹 (1864–1955) 二位都是極富創造性的開拓型藝術家。黄賓虹晚年積漸悟爲頓悟，筆墨可謂出神入化，以其自身的山水畫創作實踐，真正體現了“筆墨當隨時代”（石濤《畫語録》）之理論，其藝術成就上的現代意義及對今後可能産生的深遠影響將日益大于石濤。如本圖録所收賓翁《山行圖》軸係贈南社沈禹鍾，以元人筆墨運北宋丘壑，筆墨渾融，氣象萬千，生機盎然。

王時敏 (1592–1680) 和吴湖帆 (1894–1968) 二位都是直接或間接地師承董其昌藝術思想的最大繼承者，作品的氣息和筆墨成就不僅相似，而且都成爲影響各自同時代文人藝術思想的核心人物。如本書吴氏《臨郭熙幽谷圖》軸，氣息醇正，意境幽深，呈現了其博采衆收的正統派風采。

王翬 (1632–1717) 與張大千 (1899–1983) 二位皆是傳統型的中國畫藝術家，都嫻熟于筆墨法度，爲世人所矚目。但張大千較之王翬繪畫性更强，山水、人物、花鳥無不精妙，作品氣息亦高于王翬，其晚年又創潑彩、潑墨山水，令人耳目一新，自然對中國畫的發展，其意義將會大于王翬。一如本書《竹溪覓句圖》軸，畫法嫻熟，筆性清新，爲其難得佳構。

吴歷 (1632–1718) 與傅抱石 (1904–1965) 二位均屬擅長于描繪江南山水的藝術家。傅抱石則善于將筆墨皴法分解來表現其對江南山水的强烈感受，較之吴歷的江南山水更爲秀麗，氣息也更高一點。另外，傅抱石又兼長人物，且氣格高古。本書《蘭亭圖》軸，人物古樸，筆致奔放，墨氣淋漓，具有創新意義，可謂其代表作之一。

惲南田 (1633–1690) 與張大壯 (1903–1980) 二位都是先致力于山水、後又都成名于花卉創作的藝術家。惲南田開創了花卉中没骨渲染的表現手法，作品腴潤清麗，自成一家，爲畫史所見重。張大壯在繼承其没骨渲染的基礎上，又肆意變法爲没骨寫意、寫生創作蔬果，用筆縱横自如于法度之中，作品疏朗靈動，同樣爲世人所稱道，如本書《鸚鵡戲蝶圖》軸。

汪士慎 (1686– 約 1762) 與白蕉 (1907–1969) 二位都是以書法見長兼畫的藝術家。汪士慎寫梅，白蕉寫蘭，均氣清格高，爲畫壇一絶。

高鳳翰 (1683–1748) 與來楚生 (1902–1975) 二位，都是以金石書法兼畫著名于世的藝術家，相近之處亦頗多。

餘者明清之際存有王鑒、龔賢、漸江、華喦，近現代則存有潘天壽、錢瘦鐵、謝之光、唐雲輩，前後幾家之間雖難以從相似性上作較具體的比較，但也旗鼓相當，各有所長。其中明清之際如王鑒融合南北二宗畫法，法度精能；龔賢山水畫作品筆墨渾厚滋潤，兼具宋人丘壑之美，成爲清初南京地區一位具有代表意義的大家；漸江融倪瓚簡淡筆墨于黄山寫景之中，氣息幽静冷峭；華喦以兼工帶寫法作花鳥人物畫創作，文質相兼，氣息清雅活潑。而近現代如潘天壽則一生積極地在中國畫内部進行創造性的探索，早先水墨寫意花鳥，格調高雅，晚年“一味霸悍”的大寫意能融文人氣質于北宗陽剛之中，造型與構圖又具現代意識，而寓現代意義；錢瘦鐵以書入畫，是近現代畫史上一位典型的書、印、畫三絶的文人畫家，用筆勝于用墨，筆性强悍雄健、圓勁凝重，作品具有疏野之氣息，爲他人所不及；謝之光在其影響下，晚年肆意創新，作品氣息和筆墨法度亦令人耳目一新，爲世人所稱道。還有如唐雲等亦通悟筆性、以傳統法度致力于花鳥畫的創新。總之，近現代的中國文人畫家從整體實力上絶不會太遜于明清之際。

在社會思潮紛起、充滿各種困惑的近現代，涌現出了這麽多優秀中國文人畫藝術家，是一個值得引起我們當代人深思的問題。他們的成功很大一部分因素是基于對傳統文化堅定不移的自信心，正如身處于史無前例的中西方文化衝突間的潘天壽所言：“孫中山氏論西洋物質文明，則曰迎頭趕上，絶未論及西洋精神文明，而曰迎頭趕上。其一言一語，自非腦子混沌者可比。”（《潘天壽談藝録》）其際，保持冷静清醒頭腦的又何止潘氏一人。鄭午昌于 1929 年在其《中國畫學全史》中鮮明地指出中國畫在世界藝術體系中獨一無二的地位：“世界之畫系二：曰東方畫系，曰西洋畫系。……東系淵源流沛于中國本部，漸納西亞、印度之灌溉，浪涌波翻，沿朝鮮而泛濫于日本；……故言東畫史者，以中國爲祖地，此我國國畫在世界美術史上之地位也。”他們的這種自信心來自于對傳統文化的深刻領悟，他們深知中國畫、尤其是文人畫，與中國傳統人文精神和文化精神有着密切的歷史與社會關係。如潘天壽“中國人自古有深遠的哲學思想，與西方哲學不一樣。又有燦爛的文學藝術，有獨特的性格風俗。由此而形成的中國畫，也與其他民族的繪畫有根本的不同”，鄭午昌《中國畫學全史》把五代、宋元明清的繪畫主流歸爲“文學化時期”；再如陳師曾在其《文人畫之價值》中力排衆議，爲“但文人畫，首重精神”的文人畫辯護；黄賓虹言“畫格當以士夫畫爲最”；傅抱石亦推崇“不專事技巧的講求”的“文人畫”，而不願意走别人“專心形似的工緻”之“畫工”道路（見傅抱石《中國繪畫變遷史綱》）；陸儼少總結道：“畫畫到最後就要看氣息，比修養。”（《陸儼少畫語録》）

如此種種，再一次肯定了文人畫在中國繪畫史上長期以來的主導地位，而且都强調了其内在文化性大于繪畫性的文人畫精神本質。底蕴深沉的中華民族文化精神，以它自身潜在的慣性，其力量仍舊十分强大，激勵了近現代衆多藝術家的民族精神，故在學習傳統中國繪畫精神方面，他們都充分地認識到了董其昌的藝術思想在中國文人畫史上的重要意義。諸如，吴湖帆對董其昌的藝術視若神明，起齋名爲“寶董室”，收藏了如《丁卯小景册》《畫禪室小景册》等許多董其昌的精品而細加研習，以求筆墨的醇正。又如，陸儼少亦謂：“董其昌創南北宗説，貶北褒南。使文人畫論説更趨明朗完善，對中國畫理論有極大貢獻。”“我們的老師都是董其昌。”并明確提出了“筆性”的稱謂，以其高下雅俗作爲評價作品高低好壞的標準，曰：“氣息關乎筆性。”

事實上，“筆性”比之“筆墨”對于認識與理解中國文人畫的獨特性更加來得貼切。“筆墨”在傳統中國畫中往往寓有相當深厚的文化精神要素，而在現代中國水墨畫中則可以演繹爲單方面的繪畫基本元素，其概念的外延已有變化，如果認識不到這一點，那麽後人在理解傳統文人畫時就容易産生困惑。而抓住“筆性”作爲認識文人畫的關鍵，那麽，許多問題就會迎刃而解。

“筆性”是中國畫藝術家在創作中，通過筆墨呈現出的内在血肉和情感的文化屬性，其稱謂本身兼有“用筆用墨”與内在“文化性格”——即繪畫性和文化性高度統一的全部涵義。因此，如果抽去中國畫中的筆性内涵，那麽衹剩下概念意義上的水墨畫而已。中國畫作品中所透露出的“筆性”，是中國畫藝術家文化氣息的反映，其高下雅俗，直接關係到中國畫家的學養與氣質問題，正如陸儼少所説：“反映在筆性上，有人渾厚，有人尖薄，有人華滋，有人乾枯，有人净糯，有人板結，有人圓轉，有人生硬，有人豪放，有人獷悍，如此等等，各不雷同。筆性的形成，一半是先天的，一半是後天的。既然一半是後天的，筆性不好，就應該做轉化工作。”（《陸儼少談藝録》）陸氏進而提出了具體轉化的多種途徑，諸如培養好的道德品質、讀書寫字、多看名畫、矯正執筆法、養氣等，這與董其昌“氣韵不可學，此生而知之，自有天授。然亦有學得處，讀萬卷書、行萬里路，胸中脱去塵俗”（《畫禪室隨筆》）的觀點一脉相承。

有鑒于此，此次上海文物商店精選店藏上述相關諸近現代名家精品展出，對于理解近現代大家所取得的成就無疑提供了難得的實物依據。

虛谷　八哥秋菊圖

軸　紙本　設色

縱 148.5 厘米　橫 39 厘米

題識：倦鶴。虛谷。

鈐印：虛谷書畫（朱文）、耿耿其心（白文）

虛谷（1823–1896），僧人，俗姓朱，名懷仁，法名虛白，字虛谷，號倦鶴，别號紫陽山民等，室名古柏草堂、三十七峰草堂、覺非庵等，安徽歙縣人，移居江蘇揚州。擅山水、花果、禽蟲，尤善以破筆作松鼠金魚等，爲晚清最有個人風格之畫家之一。

虛谷將高潔野逸的菊花視作亂世中獨善其身的精神寄寓，故屢屢涉筆。此圖以淡墨勾勒菊瓣，略敷輕淡藤黄，若有若無，石緑點蕊，自然天成。葉片則以塊狀的墨青色鋪就，濃淡虛實掩映，復以渴筆重墨勾莖葉，行筆迅捷，筆意冷雋。高處兩隻八哥，取俯衝直下之勢，輕攏雙翅，揚尾縮爪，袒露腹部，似帶啼叫，出筆用色峭勁明快。縱觀此圖，構圖舒朗，設色簡淡，獨特而清奇冷逸的韵味與其所營造的意境于筆墨間交相輝映。

（張夢曉）

趙之謙　玉堂富貴圖

軸　紙本　設色

縱 106 厘米　橫 51 厘米

題識：勉齋尊兄公祖大人正之。趙之謙補。

鈐印：趙之謙（白文）、金石刻畫臣能爲（朱文）、六皆手拓（白文）

鑒藏印：海昌錢鏡塘藏（朱文）

題簽：趙撝叔玉堂富貴圖真迹。石園居士題。鈐印：張克龢印（白文）

趙之謙（1829–1884），初字益甫，號冷君，後改字撝叔，號悲庵、梅庵等，浙江會稽（今紹興）人。清代著名書畫家、篆刻家，與任伯年、吴昌碩并稱“清末海上三大畫家”。

清代中晚期金石學興盛，很多書畫家涉獵鐘鼎彝器和石刻碑碣的研究并重視碑學、金文書法的創作實踐。趙之謙作爲清代晚期“金石畫風”的先驅人物，亦深諳此道。

畫拓結合的作品往往觀賞性和收藏價值兼具，此幅《玉堂富貴圖》即爲趙撝叔與好友吉金傳拓家程六皆合作之佳製。程六皆傳拓青銅古鼎，趙之謙繪玉蘭、牡丹盛于一鼎，有“富貴鼎盛”和“玉堂富貴”的吉祥寓意。整幅作品運用寫意、没骨、全形拓等多種技法，圖中各種花卉綿密繁厚，互相穿插，内容充實但不擁塞。色彩兼具紅緑黄白，鮮亮飽滿而又明麗自然。筆墨酣暢淋漓，深得惲南田的没骨影響，也可見徐青藤的影子。與全形拓古鼎的紋飾、造型相互呼應，顯得古樸典雅，雍容富貴。整幅布局平衡工穩，情趣盎然，作品的創作年代正是趙之謙中年精力最旺盛的時期。

據畫中款識可知，此圖似趙之謙爲揚州學派代表人物劉恭冕所作。劉恭冕是“廣經”論的創建者與倡導者，在儒學發展史上建樹卓越。

此圖曾爲滬上著名鑒藏家錢鏡塘先生所藏，有常州名士、鑒賞家張石園題簽，誠爲趙之謙高古雅致畫風的典型代表。

（金雷）

趙撝叔玉堂富貴圖真跡
石岡居士題
勉齋尊兄公祖大人正之
趙之謙補

任頤　仙人圖

軸　紙本　設色

縱 132 厘米　橫 62 厘米

1895 年

題識：光緒乙未閏五月，山陰任頤伯年甫。

鈐印：任頤之印（朱文）、伯年（白文）

任頤（1840—1896），初名潤，字次遠，號小樓，後改名頤，字伯年，以字行，浙江山陰航塢山人。

任伯年是清末海上最杰出的畫家之一，名列“海上四任”且成就最爲突出。初隨父學畫，後師從任薰，善融各家繪畫之特點，并吸收西畫寫生技法，創國畫寫實之風。晚年作畫從工整轉爲率真，由嚴謹趨向活潑，注重筆意綫條的表現，以懸腕中鋒之道，釘頭漸收，運筆流暢自然，多有隨性書寫之意。

此圖繪老少男女兩人并行而立。老者蒼髯皓首，面部施以渲染，濃淡相宜，表情生動；以白粉淡墨勾勒眉須，精神矍鑠；頭戴方巾身着赭色短袍，淡墨所寫腰帶前後擺動，扼腕執蒲扇于胸前，緩步前行，盡顯仙風道骨。後方緊跟一女子，神情專注，目視前方，硃砂輕點朱唇，與髮髻頭繩交相輝映，雙手持藤杖，杖端花籃所盛瑶花琪草微微探出肩頭。整幅作品形神兼備，氣韵生動，色彩自然清潤，乃任伯年人物作品之晚年力作。

（金雷）

光緒乙未閏五月山陰

吴昌碩　葫蘆圖

軸　紙本　設色

縱 95 厘米　横 58 厘米

題識：（一）葫蘆葫蘆，爾安所職？剖爲大瓢，醉我斗室。缶。

（二）亂塗亂抹，絶似黄華道人筆意。苦鐵又記。

鈐印：倉碩（白文）、俊卿之印（朱文）

吴昌碩（1844—1927），初名俊，又名俊卿，字昌碩，又署倉石、蒼石。多别號，常見者有倉碩、老蒼、老缶、苦鐵、大聾、缶道人、石尊者等。浙江省孝豐縣鄣吴村（今湖州市安吉縣）人。著名國畫家、書法家、篆刻家，“後海派”代表，西泠印社首任社長，與任伯年、蒲華、虚谷合稱爲“清末海派四大家”。

金石巨匠吴昌碩對葫蘆鍾愛有加，是其藤本植物繪畫中較常見的題材，也是最能體現其闊筆寫意風格的代表。此幅《葫蘆圖》爲大寫意，兩大一小三粒葫蘆依次錯落，在茂盛的枝葉中摇曳生姿。葫蘆均以没骨寫成，藤黄用色輕重有别，古樸而渾厚。另以花青、汁緑染葉，濃淡有序，用小寫意墨綫勾勒葉莖，葫蘆間既夾雜有厚重的零星葉片，又被其他大片的淡墨葉片包裹襯托。藤蔓以篆籀筆意寫出，柔韌的藤蔓肆意纏繞，最下端一根懸藤引出幾片散葉，顯得生意盎然，極富金石氣韵。在畫面結構的處理上，畫家頗費苦心，實處繁密，虚處通透，疏密經營得當，虚實自然顯現。

缶翁畫中喜綴小詩或短句，兩則題字遥相呼應，更是妙趣横生。右側長題：“葫蘆葫蘆，爾安所職？剖爲大瓢，醉我斗室。”左下角又題：“亂塗亂抹，絶似黄華道人筆意。”雄渾蒼勁的題款既充實了畫面，又增加了情趣。“醉”“絶”二字彰顯了其率性和豪邁。

此畫設色古樸，筆墨酣暢淋漓，極盡“天真爛漫”之意。畫家詩、書、畫、印的功夫都能從中領略到一二。吴昌碩之所以能成爲海派領軍人物，窺一斑可知全豹。

（金雷）

黄賓虹　山行圖

軸　紙本　設色

縱 68 厘米　橫 33.5 厘米

題識：北宋畫多魄力沉雄，非馬、夏輩所可及。禹鍾先生屬。賓虹。

鈐印：黄賓虹（白文）、鴻廬（白文）

黄賓虹（1865–1955），初名懋質，後改名質，字樸存，號賓虹，別署予向，原籍安徽歙縣，浙江省金華市人。中國近現代國畫家，山水畫一代宗師。

在近代畫史上，黄賓虹是承接古今的藝術巨匠，他與吴昌碩、齊白石、潘天壽并稱爲“中國近現代美術史四大家”。遵循食古而化又借古開今的創作方式，在“師古人”與“師造化”間循技進藝、由藝悟道，使得筆墨與丘壑兼勝，人格與畫風融合。此圖寫崇山峻嶺，緩坡雜樹，以淡墨略加水色寫出重叠山勢。山石用細筆短皴濃墨打點，山間雲蒸霧繞，更顯山之巍峨。山環水抱中隱現一廟宇，紅牆碧瓦，清净莊嚴。山中板橋下溪水涓涓順流而下，近處緩坡上二人緩緩前行，雖粗粗幾筆，但生動傳神。畫面中色與墨交相輝映，既見渾厚，又見空靈，樹葉稍加粉色，頓增生動活潑之感。

上款人沈禹鍾（1898–1972），原名德鏞，別署默庵，浙江嘉善人。南社社友，與衆海上書畫名家友善。

（金雷）

北宋画多魄力沉雄非马夏辈所可及

張善孖　幽居草莽圖

軸　紙本　設色

縱 131 厘米　橫 65 厘米

1928 年

題識：幽居草莽傍山隈，悟覺三乘萬年灰。畢竟二空基慧業，不從逐鹿履塵埃。
戊辰春，張善孖。

鈐印：善孖（朱文）、張澤（白文）、虎痴（朱文）

張善孖（1882–1940），名澤，字善孖，號虎痴，四川内江人。張大千二兄，畫虎大師。曾任上海美專教授，與張大千同寓上海，領袖風雅，精鑒賞，富收藏。“大千畫派”即由張善孖、張大千昆仲共同創建。

此圖繪群山環繞茂林深篁中兩虎嬉戲玩耍之情景。山石取法張大風，寫高峰聳立，險峻陡峭，山巒輪廓用中鋒重墨勾勒，赭石淡墨皴染，顯得蒼潤巍峨。虎身以淡赭烘染，輕施白粉，并以墨勾花斑，淡墨輕提毛髮，纖毫畢現，栩栩如生。二虎色彩斑斕，形神兼備，爲其三十年代典型之作。

（金雷）

馮超然　眠琴緑陰圖

軸　紙本　設色

縱 105 厘米　橫 52 厘米

1939 年

題識：眠琴緑陰圖。儗仇實父本于嵩山草堂。己卯秋九月，晋陵馮超然。

鈐印：嵩山居士（朱文）、馮超然（白文）、丹青不知老將至（白文）

馮超然（1882–1954），名迥，以字行，號滌舸，晚號慎得，別署嵩山居士，江蘇常州人。幼嗜繪畫，下筆超脱，山水、花鳥，神韵皆備，尤精仕女、人物，晚年專攻山水。工行草、篆、隸，書畫家兼篆刻家，亦爲海上畫壇"三吴一馮"之一。

馮氏山水、人物皆能。此圖擬明代仇英之本，表現文人閑居生活的隱逸。馮超然長于臨古，嘗自言："我臨摹古人之作，一是同古人較量，二是與古人共享山水之樂。"此幅筆法粗細兼具，敷色疏淡秀雅，人物用筆精謹，刻畫傳神，竹葉出以雙鈎之筆，加之疏密相間的纖草、苔痕，清麗秀逸，山間古樹、坡石、飛瀑寫以粗筆皴染，而又渾然天成。是其臨古精品，亦盡得古人之樂。

（張夢曉）

眠琴綠陰圖
擬仇實父本於嵩山草堂
己卯秋九月晉陵馮超然

吕鳳子　人物圖

軸　紙本　水墨
縱 72.5 厘米　橫 48 厘米
1946 年
題識：丙戌寫希冀。鳳先生。辟山。
鈐印：鳳先生（白文）、鳳先生造像（白文）

吕鳳子（1886–1959），字鳳痴，號鳳子，別署鳳先生，江蘇丹陽人。中國近現代著名畫家、書法家和藝術教育家，職業教育的重要發起者，“江蘇畫派”（一稱“新金陵畫派”）的先驅和重要締造者之一。

此圖構思獨特巧妙，以羅漢入畫分占四方，相互對視，雖相貌各异但都流露喜悦之情。人物體態瀟灑自然，綫條簡潔流暢，體現了吕氏的高超技藝與創新精神。

（金雷）

朱屺瞻　山雨欲來圖

鏡片　紙本　設色

縱 140 厘米　橫 67 厘米

1962 年

題識：山雨欲來。廣東廣海海瀕漁場寫景。一九六二年三月，起哉朱屺瞻。

鈐印：屺瞻（白文）、起哉（白文）

朱屺瞻（1892–1996），名增鈞，號起哉、二瞻老民，齋名梅花草堂、癖斯居等，江蘇太倉人。曾任上海美術專科學校教授、中國美術家協會顧問、中國書法家協會理事、中國美協上海分會常務理事、上海市文史研究館館員、西泠印社顧問、上海中國畫院畫師等。

朱屺瞻作品在繼承傳統的基礎上融匯中西，其藝術形式不斷自我革新和突破，逐步形成個人鮮明的風格。1961 年底，朱屺瞻赴廣東寫生，三個月内寫生四百餘幅。次年參加法國的春季畫展，又分別在上海、南京舉辦大型畫展。此圖正創作于這一時期，畫廣東漁場風雨將至之景，近處林間數人歸途匆匆，岸邊漁船歸航，没有了往日忙碌的景象，孩童却仍在嬉戲玩耍，遠山天空烏雲密布，似有雷聲隆隆，瞬間暴雨將臨之感。作品整體構圖飽滿，表現生動自然，是朱老山水作品中不容錯失的精品。

（金雷）

山雨欲来
廣東廣海海瀕
漁場寫景一九六二年
三月

鄭午昌　龍虎山圖

軸　紙本　設色

縱 139.5 厘米　橫 67 厘米

1942 年

題識：憶十年前隨軍贛東，偶至一處，土著謂是龍虎山餘支。蒼巖壁立入雲際，飛泉曲折陡落，從石洞中入溪，勢若奔虬。巖背重崗環抱，密林叠翠，間露紺宇，景極幽邃。心好之，從野老借得小舟，浮波入洞，幾疑身爲武陵漁者，悠然作出世想。今追擬其景，猶爲神往也。湖涵先生大雅教正。庚辰，鄭午昌。

鈐印：午昌（朱文）、鄭昶之印（白文）、兩袖五湖烟雨（朱文）

鑒藏印：瞑梧館（白文）

鄭午昌（1894–1952），名昶，號弱庵，浙江嵊縣（剡溪）人。近現代書畫藝術家、社團活動家、美術教育家、美術史論家、書畫鑒藏家。

鄭午昌長于畫柳，有“鄭楊柳”的美名，其實他的山水畫功力也非比尋常。初宗黄公望、王蒙，後自辟蹊徑，主張施古法而立我法，别開生面雅俗共賞。此圖采用鄭氏慣用的半邊式構圖，右側山巒重重，層層叠進，遠山突兀，緑樹幽幽，山間飛瀑之下形成一水月洞天，高士泛舟湖上悠閑自得。上款人“湖涵”即浙江南潯“四象”之首劉鏞之子劉湖涵。整幅作品筆墨精妙，氣勢恢弘，爲其精心之作。

（金雷）

憶十年前遊學贛東偶遇一處土
著呼是龍虎山餘支蒼巖壁立入雲
際飛泉曲折陡落從石洞中入溪旁
若奔虬巖背重岡環抱密林叠翠
洞露紺宇萃極幽邃心好之從野老借
釣小舟浮波入洞我疑身為武陵漁者悠
然作出世想今追擬其景猶有神往也
湖涵先生大雅教之 庚辰 鄭午昌

吴湖帆　臨郭熙幽谷圖

軸　紙本　設色

縱 145.5 厘米　橫 53 厘米

1933 年

題識：北宋郭熙《幽谷圖》，宣和内府所藏。癸酉二月吴湖帆臨。
絹本，無款字，安岐收入《墨緣彙觀》，標曰郭熙。畫作山陰幽悄之景，前人皆誤爲雪霽，安氏題爲幽谷，自有特見也。吴湖帆。

鈐印：吴湖颿（朱白文）、湖颿臨本（朱文）、萬里江山供燕刀（朱文）、湖颿書畫（白文）、梅景書屋（朱文）

鑒藏印：大希鑒賞（朱白文）

吴湖帆（1894–1968），初名翼燕，後更名萬，又名倩，號倩庵，别署醜簃，室名梅景書屋，江蘇蘇州人。上海中國畫院畫師，爲海上畫壇名赫一時的"三吴一馮"之首。

《幽谷圖》是北宋畫家郭熙所作絹本墨筆畫，現藏于上海博物館。無題識，安儀周《墨緣彙觀》定爲"無上神品"。1933 年張大千攜此畫至梅景書屋，吴湖帆觀賞後定爲真迹，謂"百讀不厭"并作觀跋。

《醜簃日記》1933 年正月記載："大千携示郭河陽《幽谷圖》絹本真迹，筆墨生動，百讀不厭，載入安儀周《墨緣彙觀》中，今在廬山蔡金臺家。"此吴氏《臨郭熙幽谷圖》，是他仔細品鑒後對本臨摹所作，尺寸略小于原作。構圖别致，以俯視深遠來取全景。圖中山岩層叠峻險，枯樹寒林屹立，石澗間清泉涌出，呈現出空靈幽邃的意境。此圖筆墨上亦流露出吴湖帆"以元人筆墨，運宋人丘壑"的特有筆性。山石以淡墨勾勒加以皴染，筆致松秀清潤，老樹枯枝則出以濃墨，或略加烘染。然更妙處在于將石青、石緑點綴于山谷間、遠處的叢林間，綫與墨、墨與色叠加、穿插，渾然天成，令墨色氤氲的畫面更顯厚重，且富有獨特的筆墨趣味和古韵。可謂吴湖帆先生潛心摹古之佳作。

安岐（1683–？），字儀周，號麓村、松泉老人，所居沽水草堂，天津人，一作朝鮮人。清代書畫鑒賞家。安岐先世爲鹽商，家資巨富，學問弘通，精于鑒賞，收藏之富，甲于海内。乾隆年間，將自己的收藏著録成《墨緣彙觀》。

（張夢曉）

北宋郭熙幽谷圖
宣和内府所藏 癸酉二月吳湖帆臨

徐悲鴻　雙奔馬圖

軸　紙本　設色

縱 65.5 厘米　横 48.5 厘米

1942 年

題識：葵鄉先生哂正。壬午冬日，悲鴻。

鈐印：徐悲鴻（白文）

徐悲鴻（1895–1953），原名徐壽康，江蘇宜興市屺亭鎮人。中國現代美術事業的奠基者，杰出的畫家和美術教育家，第一任中央美院院長、中國美術家協會主席。

徐悲鴻畫馬，强調以西畫技巧融入國畫創作，筆下奔馬顯得生機與力量感十足，觀後令人振奮。此幅作于 1942 年，繪雙馬疾馳而來。前馬飛馳作回首狀，馬首筆墨厚重，胸腹部則濃淡强烈，將馬匹奔跑時遒勁之肌表現得淋漓盡致；鬃毛與尾巴則將淡墨與焦墨結合，鬃毛在風中恣肆飄揚，又裹挾着駿馬之熱血。後馬奮起直追，略施棕色，馬身雖小但不失雄姿。此圖中，徐悲鴻不僅充分發揮了傳統筆墨的特點，更以扎實的寫生能力準確寫出馬匹的動態身姿，可謂是把西方寫生繪畫技巧融入傳統國畫的完美詮釋。

（金雷）

葵卿先生哂正
壬午冬日
悲鸿

陶冷月　湘水烟月圖

軸　紙本　設色

縱 90 厘米　橫 33 厘米

1937 年

題識：五湖舊約，問經年底事，長負清景。暝入西山，漸喚我一葉夷猶乘興。倦網都收，歸禽時度，月上汀洲冷。中流容與，畫橈不點清鏡。誰解喚起湘靈，烟鬟霧鬢，理哀弦鴻陣。玉麈談玄，嘆坐客，多少風流名勝。暗柳蕭蕭，飛星冉冉，夜久知秋信。鱸魚應好，舊家樂事誰省。

昔年遠客長沙，秋夜月明時，與二三友人泛舟浮湘。放乎中流，山水空寒，烟月交映，嘗扣舷高歌，度白石道人此曲以遣興。流光如駛，忽忽已十八載矣。今日偶成此圖，仿佛湘水烟月，因并記之。

丁丑春日，冷月陶鏞。

鈐印：鏞（白文）、陶（白文）、萊簃長壽（白文）、清風明月（朱文）

陶冷月（1895–1985），初名善鏞，改名鏞，字咏韶、咏昭，改署冷月，號宏齋、五柳後人、柯夢道人等，室名風雨樓、雙溪研齋等，江蘇蘇州人。詞章家陶芑孫文孫，書畫家陶詒孫侄孫。幼承家學習畫，擅畫山水、梅花。所畫力求中西融合，别開清新深邃意境，尤善畫中西合璧的月夜景色，以開創月光山水爲代表的“新中國畫”享譽畫壇。

此圖中以陳墨與上品花青精緻描繪南宋詞人姜夔《湘月·五湖舊約》的幽遠意境。采用傳統國畫平遠式構圖，參以西法光影之理，融合交匯，淳樸瀟灑。湘江秋夜，遠山連綿，暮色朦朧，雲月掩映，波光粼粼，得幽淡静逸之致。又見泛舟吟唱，飛雁掠過，柳枝瑟瑟，于不經意間注入動感，令畫面動静之間餘韵不絶。圖畫詮釋詞意，詞意在畫中浮動，可謂難得之佳迹。

（張夢曉）

五湖舊约问经年底事長負清景暝入西山漸喚我一葉夷猶乘
興倦網都收歸禽時度月上汀洲冷中流容與畫橈不點清鏡誰解
喚起湘靈烟鬟霧鬢理哀弦鴻陣玉麈談玄歎坐客多少風流名勝暗
柳蕭蕭飛星冉冉夜久知秋信鱸魚應好舊家樂事誰省
昔年遠客長沙秋夜月明時與二三友人泛舟湘中流山水空寒
烟月交映置扣舷高歌度白石道人此曲以遣興流光易駛忽忽已十八載矣今日
偶成此畫仿佛湘水烟月因并記之
丁丑春日冷月

錢瘦鐵　黄山松雲圖

鏡片　紙本　設色

縱 74.5 厘米　横 183 厘米

1945 年

題識：黄山松雲。瘦鐵畫。

鈐印：錢厓之印（白文）、瘦鐵（白文）

錢瘦鐵（1897–1967），名崖，一作厓，字叔厓，以別字瘦鐵行，室名瘦鐵宧、翦淞閣，江蘇無錫人。上海中國畫院畫師。

錢瘦鐵早年師從鄭文焯，山水取法石濤，花卉蔬果學沈石田、徐青藤，書法兼擅篆隸行草，篆刻初學缶翁，後致力于漢印。書、畫、篆刻堪稱三絶，與吴昌碩（苦鐵）、王大忻（冰鐵）合稱爲“江南三鐵”。

黄山松雲，是錢瘦鐵先生喜用之題材。他畫山水源自黄山派，師法石濤、髡殘，繼溯董源，又曾親歷川、陝、三峽等名山大川汲取自然造化，而書法、篆刻早歲受吴昌碩指點，故以金石之氣入畫。此圖爲淺絳山水，古松蒼勁，群峰峻峭，銀瀑飛瀉，雲氣氤氳，色墨淋漓，渲染有度，筆力奔放蒼潤，而又樸拙雄渾。縱觀此圖，氣勢磅礴，乃黄山松雲壯觀雄奇的真實寫照，亦見錢瘦鐵之筆墨風骨。

（張夢曉）

張大千　竹溪覓句圖

軸　紙本　設色

縱 132 厘米　橫 51 厘米

1945 年

題識：竹溪覓句圖。以大風、大滌兩家法爲之。乙酉嘉平月，大千張爰。

鈐印：張爰之印（白文）、大千（朱文）、大風堂（朱文）

張大千（1899–1983），原名正權，後改名爰，法號大千，別署大千居士，室名大風堂，四川内江人。是二十世紀中國畫壇最具傳奇色彩的一代大師。其詩、書、畫與齊白石、溥心畬齊名，與黄君璧、溥心畬并稱“渡海三家”。

張大千自幼隨母學畫，後隨兄赴日專攻繪畫，歸國後從李瑞清、曾熙習詩文書畫。早年宗法石濤、八大、青藤、白陽，又及張大風、陳老蓮、董其昌等諸家，繼及宋元，尤致力于石濤。三十歲後山水已卓有成就，又擅花卉、人物，尤善寫荷，獨樹一幟。四十年代初，赴敦煌莫高窟，臨摹和研究北魏、隋唐的壁畫，歷時兩年七月後歸蜀，令他的畫風爲之一變。五十年代栖身海外，七十年代後期定居臺北雙溪之摩耶精舍。晚年喜作潑墨潑彩山水及荷塘盛夏之景象。

此《竹溪覓句圖》作于 1945 年，融大風、大滌兩家之筆意。時張大千敦煌之行後，畫風更趨成熟沉着，是其人物畫成就最高的時期。此幅描繪一神態儒雅之高士，在溪邊似若有所思。人物眉目刻畫精到細膩，白色衣袂飄飄，綫條流暢空靈，在飄逸中藴涵輕重、疾遲、虚實、濃淡的微妙變化。面部以淡赭平塗，設色温潤，坡石以簡筆勾出，亦以淡赭渲染呼應，而溪邊草叢、勁挺幽竹，則以寫意的墨筆出之，濃淡虚實，交叠穿插，極富層次筆力。整幅畫面意境雋永，猶存石濤、張大風隱逸畫家之意韵，而高士無不象徵着大千世界的自己，亦是張大千向往桃園隱逸的一種情思寄托。

（張夢曉）

竹溪覓句圖

林風眠　荷塘夜色圖

鏡片　紙本　設色
縱 45 厘米　橫 54 厘米
題識：林風眠。
鈐印：林風眠印（朱文）

林風眠（1900—1991），家名紹瓊，字鳳鳴，後改風眠，廣東梅縣人。早年學習西畫，曾留學法國，歸國後又精研中國傳統繪畫藝術。其創作融合中西畫爲一體，風格獨特，個性强烈，對傳統的中國畫有較大的突破，在國際畫壇獨樹一幟。上海中國畫院畫師，晚年移居香港。

荷塘是詩也是畫，荷塘亦是林風眠筆下常見的繪畫題材。此《荷塘夜色圖》由下而上平遠式展開，荷塘、荷葉、荷花、蘆葦置于中前景，層層深遠。平鋪的荷葉，石青、藤黄相互掩映，筆觸靈動而多變，白色蓮花裝點其中，色韵晶瑩剔透，疏密錯落，與水墨色的蘆葦、墨青色的遠山和天空交相輝映，有着强烈的表現主義色彩，是東方水墨和西方色彩的交融。見方的構圖經營得頗爲巧妙，以蘆葦的斜綫來打破畫面的平直，賦予動勢與活力，而向右摇曳的蘆葦，在運筆上又强化了力量與速度，將視覺美、節奏美與中國畫傳統的意境美相契合于畫面中，令人贊嘆不絶。

（張夢曉）

江寒汀　名花珍禽圖

屏　紙本　設色

縱 137 厘米　横 33 厘米

1942 年

題識：（一）會兩東園法，超脱華滋，趣或能融洽。寒汀。時寓上海雁歸樓。

（二）夏午穠致。前人不屑爲，寒汀自運之筆。

（三）元王若水《修篁幽禽圖》。寒汀擬之。

（四）擬吕廷振筆意。壬午冬，寒汀呵凍。

鈐印：海虞布衣（白文）、虞山江寒汀書畫記（白文）、偶提詩句不須編（朱文）、江獲之印（朱文）、江獲私印（白文）、寒汀（朱文）、我生無田食破硯（白文）

江寒汀（1903—1963），名上漁，號寒汀，畫室稱獲舫，江蘇常熟人。以花鳥畫聞名于海上畫壇，與唐雲、張大壯、陸抑非并稱“海上四大花旦”。臨摹虚谷作品能得其精髓，幾可亂真，在畫壇有“江虚谷”之美譽。新中國成立後爲上海中國畫院首批畫師。

江寒汀擅長花卉、翎毛，筆墨清新，色彩明净，以惲南田、華新羅爲築基，陶鑄多家，雙鈎填彩、没骨寫生皆精，筆法秀逸濕潤。所作《百鳥圖》長卷，吴湖帆爲之題跋云：“吾友寒汀道兄性喜養禽鳥，紗籠列陳，不少百計，三十餘年之經歷，凡各種鳥性，具能念悉，飛鳴宿食之態，盡在目中，更積三十餘年學畫之功力，一一寫之、摹之、傳之、章之，成畫卷十本，凡鳥百種，不獨生趣盎然，色彩絢爛已焉。”張大壯曾贊嘆他：“寒汀筆下鳥，天下到處飛。”可見江寒汀的花鳥畫已經深入人心。

此四屏條，分别依時序繪四季景象：春日紫藤盛放，鸚鵡喧嚣嬉戲；夏日碩桃壓枝，八哥悠閑，紅花漫天；金秋青竹繁茂，鶺鴒覓食；冬日天地一色，唯山茶不畏嚴寒，雪地中有五彩鴛鴦冷眼觀世。通觀四屏，敷色明麗，筆致生動，静中有動，虚實相間，呈現出江寒汀嫻熟的筆墨技巧和狀物之精妙。書法題款落筆冷雋，蹊徑别開絶俗，隱見虚谷遺意。

（蔡俊）

擬呂廷振筆意
壬午冬
寒汀呵凍

元王若水倚篁幽禽圖
寒汀擬之

張大壯　鸜鵒戲蝶圖

軸　紙本　設色
縱 92.5 厘米　橫 28 厘米
1951 年
題識：辛卯清和，古杭張大壯寫。
鈐印：大壯（白文）

張大壯（1903–1980），初名頤，字養廬，號老壯，別署富春山人，浙江杭州人。章太炎外甥。幼喜丹青，後得虛齋龐元濟賞識，爲其掌理書畫，盡睹虛齋藏品，藝事大進。花鳥宗惲南田、華新羅，中年後所作秀美動人，晚年步及徐渭等。治印亦功力深厚。上海中國畫院畫師，與江寒汀、唐雲、陸抑非共享“海上花鳥畫四大名旦”美名。

此《鸜鵒戲蝶圖》構圖取倒垂之勢，折枝的桃花和稀疏的垂柳以没骨法出之，桃花朵朵，柳葉婀娜，用筆輕盈飄逸，得南田之神韵。一紅唇鸜鵒，飛身而下奮力撲蝶，姿態生動逼真，兼工帶寫，羽翼蓬鬆。翩翩墨蝶逐花而舞，濃勾淡染，栩栩如生，頗得新羅疏朗靈動之趣。此畫面神韵、趣味盎然，賦色妍麗清新，堪稱張大壯中年筆墨成熟之佳作。

（張夢曉）

辛卯清和 古杭張大壯寫

傅抱石　蘭亭圖

軸　紙本　設色
縱 113 厘米　橫 90 厘米
1942 年
題識：壬午立冬，新喻傅抱石製。
鈐印：抱石（白文）、抱石入蜀後作（朱文）、抱石齋（朱文）
題簽：蘭亭圖。壬午初冬，抱石自署。鈐印：抱石（朱文）

傅抱石（1904–1965），原名長生、瑞麟，十八歲改名抱石，室名抱石齋，自號抱石齋主人，江西新餘人。青年時酷愛繪畫、書法、篆刻。1933年曾得徐悲鴻資助留學日本，回國後執教于南京中央大學藝術系。擅畫山水，崇尚石濤，中年創“抱石皴”，人物多作仕女、高士，形象高古。主張革新，亦精于篆刻。1949年後，曾任南京師範學院教授，江蘇省國畫院院長。

《蘭亭圖》是傅抱石先生金剛坡時期的宏圖巨製，是其人物畫與山水畫互爲映襯之代表作。

金剛坡時期是傅抱石先生藝術生涯的第一個高峰期。自 1939 年春至 1946 年秋，他在入蜀的八年間一直寓居重慶西郊金剛坡下，即他常常自署的“金剛坡下山齋”。渾樸的巴山蜀水讓他感嘆：“畫山水的在四川若没有感動，實在辜負了四川的山水。”同時這也滋潤了他的筆墨，使他在不惑之年完成了畫風的轉變，奠定了個人風格的基礎。

此圖作于壬午年（1942）。是年十月，傅抱石“壬午個展”在重慶夫子池勵志社舉辦，轟動山城，取得空前成功。石濤所謂“山川脱胎于予也，予脱胎于山川也”，在傅抱石身上得到了真實的印證。在飽覽巴蜀山水的蒼茫雄奇，坐觀烟籠霧鎖、茂鬱野莽中，他縱情筆墨，靈感與激情迸發，以硬筆散鋒的縱横筆勢，創造出揮灑自如的“抱石皴”來表現山水的筆墨語言，推陳出新的意義與影響都極其深遠。

而此時，傅抱石在中國人物畫方面的探索和成就，并不在其山水畫之下。如果説，山水畫的最高境界是“氣韵生動”，那人物畫的最高表現形式是“形神兼備”。傅抱石的人物畫中，同樣有一種如同他在山水畫中所呈現出的人文大氣，整體氣氛濃鬱深邃。綫條韵味，融匯了東晋（顧

蘭亭圖
壬午初冬抱石自寫

愷之）、明代（陳洪綬）的藝術風格，作風古雅，具有鮮明的個性色彩。而其人物畫的題材，則以六朝和明清時期的典故最爲多見，前者如“賺蘭亭”“赤壁舟游”“淵明沽酒”“東山逸致”等，亦如他所言：“題材雖舊，則出之以較新的畫面。”創作的題材、描繪的對象，也寄寓了傅抱石自己的情感。與描繪對象同聲相應、同氣相求的藝術效應，爲中國人物畫創造了影響深遠的新風貌。

此《蘭亭圖》題款“壬午立冬”，應爲“壬午個展”後的新作。描繪了東晋永和九年（353）暮春之初，時任會稽内史的右軍將軍、大書法家王羲之，與當時名士謝安、孫綽等四十餘人雅集于山陰（今浙江紹興）蘭亭的歷史故事。王羲之“微醉之中，振筆直遂”，寫下了千古名作《蘭亭集序》，抒發了對自然和人生的感懷。

此傅抱石先生自署題簽的《蘭亭圖》，正是依此文而創作，賦予蘭亭雅集流觴賦詩新的意境。圖中人物、景致錯落有致，溪流呈“之”字形沿山坡取勢，將三十餘位主僕人物合理、巧妙地經營于畫面中，近遠景、人物間濃淡墨色之變化，使畫面産生層次感、縱深感。畫中蒼松扶疏，修竹婆娑，朱紅蘭亭、石橋隱現于林間。茂林幽篁中，二十餘位文人雅士三五成群，參差坐立，分列曲水兩岸。溪中紅觴點點，順流而下，或賦詩作對，或游憩溪邊，或觥籌交錯，或縱酒狂歡。樹木坡石運筆瀟灑，用墨酣暢淋漓，濃淡互破，相映成趣。而人物姿態造型高古，則源于顧愷之的《洛神賦圖》和《女史箴圖》，所謂“迹簡意淡而雅正”。衣冠綫條勾勒流暢凝練，略有頓挫轉折，眉目蒼逸，動態傳神，設色素雅明快，暈染落墨處理得自然大成，詩情畫意躍然紙上，充溢着超逸脱俗的意境。此圖充分體現了傅抱石先生的學養和才情，亦是他激情澎湃的創作與探索。

（張夢曉）

唐雲　泉聞山響圖

鏡片　紙本　設色

縱 135.5 厘米　橫 68 厘米

1953 年

題識：癸巳十月畫。泉聞深樹里，山響亂流間。杭州唐雲。

鈐印：大（朱文）、石（朱文）

鑒藏印：曹其鏞藏書畫（朱文）

唐雲 (1910–1993），字俠塵，號藥翁、大石、大石翁、俠塵，浙江杭州人。上海中國畫院名譽院長，海上花鳥畫四大名家之一。

唐雲早期山水取法石濤、梅清，于豪放中顯静穆之氣。1952 年唐雲由香港返回上海，并于次年出任華東美協展覽部主任，此圖即作于其任職期間。以全景式構圖寫深山密林，粗筆勾勒山石，淺絳石緑稍加暈染，顯得氣勢雄健。畫中峰巒重叠，樹木茂密，一條白練從山間奔涌直下，水花四濺氤氲繚繞，兩高士在山中席地而坐，高談闊論。左上有作者題識："癸巳十月畫。泉聞深樹里，山響亂流間。杭州唐雲。"右下有收藏印一枚，知爲香港毛紡大王曹光彪長子曹其鏞舊藏。

（金雷）

癸巳十月画泉洞深
对裹山響亂流間
杭州唐雲

謝稚柳　山林晴色圖

鏡片　紙本　設色

縱 125.5 厘米　橫 228 厘米

1995 年

題識：此舊時所寫《山林晴色圖》，近偶檢得，稍加潤色。乙亥深秋，壯暮翁謝稚柳并記。

鈐印：稚柳（白文）、壯暮（朱文）、應無不舞時（朱文）、壯暮堂（朱文）、山川光輝爲我妍（朱文）

謝稚柳（1910–1997），原名謝子棪，又名謝稚，字稚柳，號壯暮翁，室名壯暮堂等，江蘇常州人。上海中國畫院畫師。

謝稚柳先生十六歲隨江南名士錢名山學習經史子集、詩詞歌賦。精于繪事，山水、花鳥、人物，工寫皆能，無一不精，融匯古法又重視創新，自成面目。

早年初師陳老蓮，後力追唐宋古風。二十餘歲便游歷名山大川并結識張大千，于 1942 年隨張大千去敦煌研究莫高窟藝術，畫藝俱增，畫風遂上窺宋元之高華，遠追唐五代之宏奧。山水師法郭熙，并取董、巨，尤好王詵、燕文貴諸家，典雅瀟灑空靈。人物兼師老蓮與敦煌，花鳥則由老蓮而兩宋，清麗幽雅雋秀。晚年會心于徐熙落墨之法，豪放寫意。工詩，間亦填詞。擅行草，初師老蓮體，繼學宋人，晚年傾心于唐張旭。

此《山林晴色圖》是謝稚柳先生的舊作，于乙亥年（1995）稍加潤色并題之。謝老畫山水，力追高古，由宋人出，南北兼參。觀此巨屏山水，畫面氣勢磅礴，層次顯豁而又一體連貫。山巒中瀑布由遠及近涌落如練，連勾帶皴繪出山體之形態。謝老晚年尤好以石青石綠敷染，雜以淺絳坡石，營造出蒼茫深邃的空間感。而近處叢林蓊鬱，雲氣氤氳，落筆蒼潤渾厚。屋宇樓閣以界畫作之，青瓦朱牆，艷而不浮，錯落有致。雖爲闊幅而能渾然一體，筆墨遒勁，收放有致，可見其駕馭之功力，可嘆其大家之風範也。

（張夢曉）

程十髮　漢將周勃圖

紙本　設色
縱 133 厘米　橫 79 厘米
1977 年
款識：絳侯周勃，重厚少文。殲除諸吕，漢室中興。敬造畫象，高懸家門。魑魅魍魎，無法逃遁。萬户生福，玉宇澄清。一九七七年，程十髮製并題。
鈐印：十髮（朱文）、程潼（白文）

程十髮（1921–2007），原名潼，後名十髮，齋名步鯨樓、三釜書屋等，上海市金山區楓涇鎮人。曾任上海中國畫院院長。工書法，人物畫、花鳥畫獨樹一幟，在連環畫、年畫、插畫等方面均有造詣。爲現代海派書畫巨匠。

程十髮的寫意人物畫善于運用豪放的粗筆和輕盈的細綫相間，濃淡枯濕和剛柔疾徐并施的綫描，展現出中國畫筆四面出鋒的特點。周勃是西漢時忠勇之士，輔佐漢室之名臣，辭高官不仕，不慕榮華富貴，爲後世楷模。此幅作品是程十髮先生二十世紀七八十年代鼎盛時期的人物畫力作，用逸筆色墨縱情勾勒出周勃概貌：擎劍于手，蕭蕭馬鳴，胸有萬鈞之力，柱石之風，再根據形體精準地勾寫、勾皴，形象地描繪出周勃出征時的豪邁氣概。作者同時使用粗細相間的疾筆勾勒，展示了其高超的寫實技巧，用筆通透靈動，老辣簡逸，是典型的“程家樣”，神形并茂，使觀者領略到其中欣欣嚮榮的時代氣息。

（蔡俊）

絳侯周勃重厚少文
殲除諸呂漢室中
興敬造画象高懸
家門魑魅
魍魎世法逃
遁萬户生福玉
宇澄清
一九七七年程十髮製
并題

陳佩秋　松鶴長春圖

鏡片　紙本　設色
縱 123 厘米　橫 250 厘米
款識：松鶴長春。高花閣健碧海上寫。
鈐印：乂之（朱文）、長年（白文）、乂之（白文）、大樂（朱文）、長年（白文）

陳佩秋（1923–2020），字健碧，室名秋蘭室、高華（花）閣、截玉軒，河南南陽人。中國美術家協會會員、上海中國畫院藝術顧問、上海文史館館員、上海文學藝術獎終身成就獎獲得者。

此幅作品結合了水墨和重彩的運用，又以工筆層層渲染，體貌厚重、濃鬱。色彩與細節的處理帶些許“闊筆”又不失“工整”。整體布局突出“滿”和“緑”，充分營造色彩，放眼望去，盎然勃發，松林蒼翠，滿目春色。蒼松翠柏間有兩丹頂白鶴騰飛，高貴典雅又涌動磅礴之勢。筆法與顔色之間，絲絲點點透露的是創作者的思想和頓悟，正所謂畫顯乾坤。鶴本孤高，于松針萬壑中暢意而行，盡顯冰清玉潔之態。畫能寫形，亦能藏神，“松鶴長春”既是勃然生機下的美好祝願，也是筆墨色彩間的精神長存。

（金雷）

劉旦宅　麗人圖

紙本　設色

縱 105 厘米　橫 53 厘米

1997 年

題識：西園曾爲梅花醉，葉翦春雲細。玉笙凉夜隔簾吹，卧看花梢摇動、一枝枝。
娉娉裊裊教誰惜，空壓紗巾側。沉香亭北又青苔，唯有當時蝴蝶、自飛來。
摩挲紫蓋峰頭石，上瞰蒼崖立。玉盤摇動半崖花，花樹扶疏、一半白雲遮。
盈盈相望無由摘，惆悵歸來屐。而今仙迹杳難尋，那日青樓、曾見似花人。
白石道人《虞美人·賦牡丹》二首。丁丑歲闌，海上知白堂續。劉旦宅。

鈐印：旦宅（朱文）、吉祥（朱文）、開心寫意（白文）、知白堂（朱文）、劉澤（白文）、谷雨生（朱文）、施紅點翠照虞泉曳雲拖玉昆山（朱文）、明清軒（白文）

劉旦宅（1931–2011），原名渾，又名小粟，後改名旦宅，別名海雲生，浙江温州人。上海中國畫院畫師，上海師範大學美術學院名譽院長。所繪《紅樓夢十二金釵》郵票，曾獲 1981 年全國郵票最佳獎。所繪人物，取法漢唐及明代陳老蓮，可謂集古之長，題材多取古典歷史人物，造型生動雅健，風格別具。

一個是閑雲野鶴般的南宋詞人姜夔（白石道人），一個是在知白堂里堅守風骨的當代畫家劉旦宅，後者在與前者超時空對話後，創作了此幅《麗人圖》，詮釋了不同歷史時代的人對“美”的共同追求。

劉旦宅最令人稱道的是其對人物綫條、造型的把控。作品中一女子口銜牡丹花側身而立，一手扶托髮髻，一手輕插髮簪，俏臉略低，雙眉稍挑，凝神睇視。衣紋綫條自然而流暢，又蘊含着韌性和彈性，勾勒出女子婀娜曼妙的身姿。色彩可謂厚重大膽：髮髻濃黑，牡丹大紫，裙擺朱紅，滚邊天青。如此斑斕却未讓人感到艷俗，相反在强烈的視覺衝擊下，可從女子恬淡的眉目中感受到優雅和端莊。再細細品味白石道人的《虞美人》，讓人心生“人似花、人如畫”的感慨。

劉旦宅作人物畫一直以來追求的是“傳神”，也就是刻畫出人物的外化氣質和内在精神，爲此他固執地堅守着對美的追求。此幅《麗人圖》就是最好的見證。

（金雷）

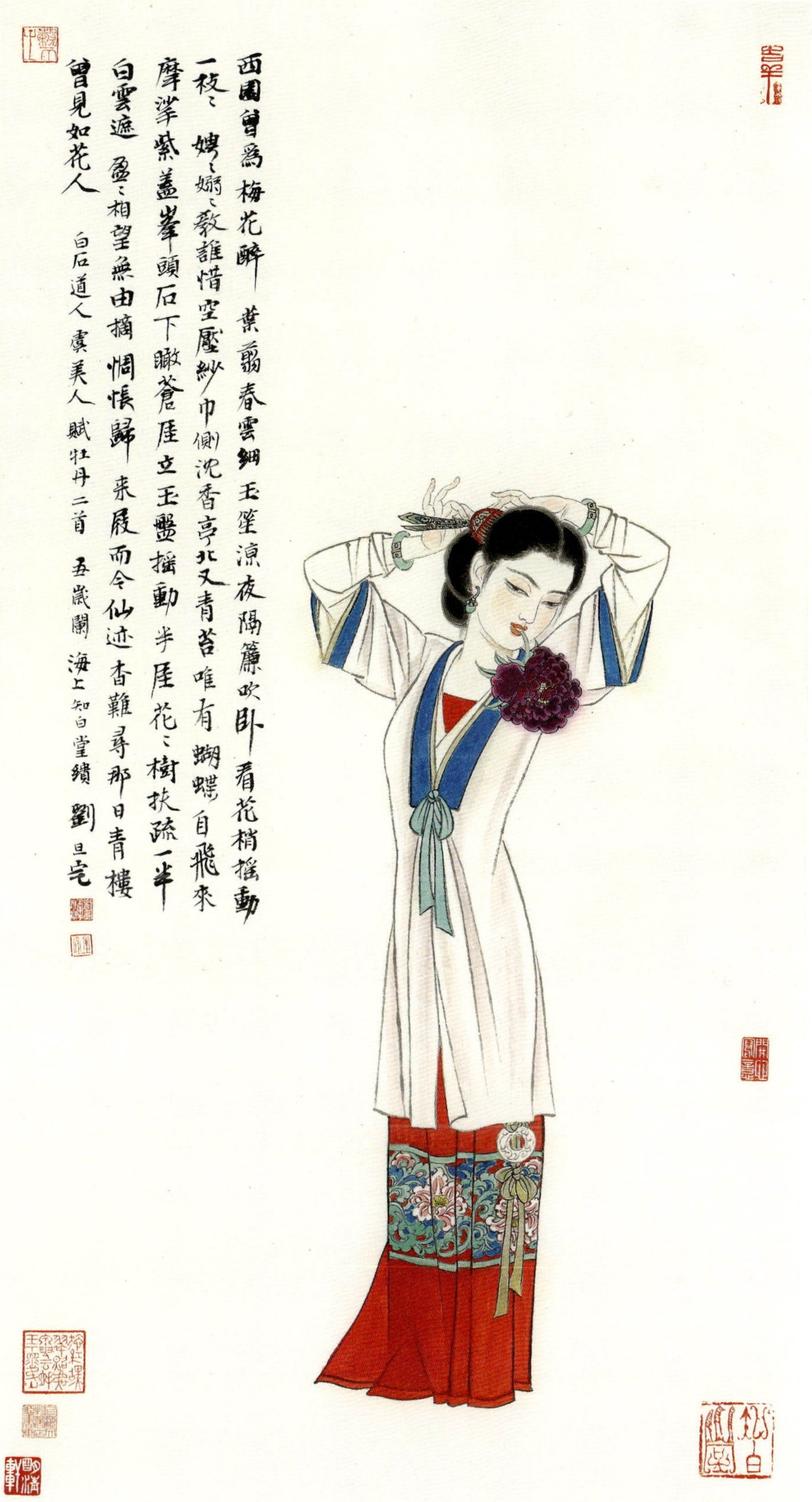
西園曾爲梅花醉 葉翦春雲細 玉箜涼夜隔簾吹 卧看花梢搖動
一枝々 娉々嫋々教誰惜 空壓紗巾側 沈香亭北又青苔 唯有蝴蝶自飛來
摩挲紫蓋峯頭石 下瞰蒼厓立 玉盤搖動半厓花 花樹扶疏一半
白雲遮 盈々相望無由摘 惆悵歸來展 而今仙迹杳難尋 那日青樓
曾見如花人
白石道人虞美人賦牡丹二首 丑歲闌 海上知白堂績 劉旦宅

玉器

美玉璀璨耀中華

張　尉

玉是集天地之靈氣、凝日月之光華、孕萬物之豐采的自然界精英。

幾千年來，華夏民族對玉的普遍尊崇和珍愛，已形成了一種亘古不移的傳統，佩玉之風經久不衰，延綿不絶。

玉不僅作爲世間美好事物的代表，而且是財富、權力、地位的象徵。在古代宗法社會中，講禮儀、分等級、明地位，是其統治制度的核心，而玉曾在其中扮演着特殊的角色，舉凡朝聘、祭祀、盟誓、輿服、宴享、裝飾等重要場合均有其所占的位置。

玉同時又是君子道德行爲的準繩。儒家學説的代表孔子將玉與君子品德的關係加以闡述，從形而上的哲學高度概括出玉所具有的仁、知、義、禮、樂、忠、信、天、地、德、道等十一種純粹的美德，以儒家規範來與之結合。戰國淳于髡《王度記》亦云："玉者有象君之德，燥不輕，濕不重，薄不撓，廉不傷，疵不掩，是以人君寶之。"《老子·道德經》曰："聖人被褐而懷玉。"稍後的管子、荀子、許慎也有類似的論述，將玉歸結爲有九德、七德、五德等，都是從玉的自然屬性抽繹出君子應具備的高貴品行，用它來作爲君子修身養性的圭臬，完善自己的道德修養。玉的人格化、道德化，這種精神觀念對後世華夏民族的思想意識、行爲舉止，乃至民族心理、性格的形成和發展，起到了潛移默化的深遠影響，從某種程度上可以説，中華民族仁愛、忠義、誠信、禮讓、堅强、智慧的高尚情懷，是傳統玉之美德的光彩折射，集中體現出泱泱大國的核心價值觀。

玉在古代社會被神秘化和專有壟斷。明高濂《遵生八箋》云："上古用玉，珍重似不敢褻。"崇拜和敬奉無以復加，不僅視作具有靈性，能與神溝通，當作祭祀的媒介和法物，還被認爲能驅除邪魔，保護人體，爲祥瑞之徵，更而甚者，迷信玉乃靈丹妙藥，食之可延年益壽，長生不老。

玉所蘊含的豐富内涵爲世界其他各國和民族所不備，極具鮮明的中國色彩，已凝聚成一種獨有的中國玉文化，并成爲中國古代文化的標志之一，亦爲古代物質文明的重要組成部分。

新石器時代玉器遍布全國，呈多元并起之勢。從目前發現最早的距今九千年前的烏蘇里江流域的小南山文化，到遼河流域的興隆窪文化、紅山文化，黄河流域的大汶口文化、龍山文化，江淮流域的薛家崗文化、凌家灘文化、北陰陽營文化，太湖流域的河姆渡文化、馬家浜文化、崧澤文化、良渚文化，江漢流域的石家河文化，甘青地區的齊家文化，珠江流域的石峽文化，臺灣地區的卑南文化等，掀起了古代玉器發展的第一個高峰，其中以紅山文化和良渚文化玉器最具有代表。

夏商西周是奴隸制時代，玉器反映了等級高下、尊卑有序的社會歷史現象。商代玉器，尤其是晚期殷墟玉器是早期玉器發展的又一個盛期，與同代青銅器并駕齊趨、相耀輝映。西周是實行嚴格宗法禮制的社會，根據《周禮》的記載，按不同的身份等級，形成一套規範謹嚴的用玉制度，用玉數量、質地、尺寸均有明文規定，如“以玉作六瑞，以等邦國：王執鎮圭，公執桓圭，侯執信圭，伯執躬圭，子執谷璧，男執蒲璧”。還專門設立有管理王室琢玉的機構。近年的考古發現，反映出西周玉器毫不遜色于其他時代，且既與前代有一脉相承之勢，又具開啓後來之功。

春秋戰國是中國歷史上社會制度大變革的階段，也是玉器風格巨變的時期。隨着舊觀念、舊禮制的衰退，禮儀性器物的重要性開始下降，新思潮、新觀念興起，代表儒家倡導的以象徵君子高尚品德的佩飾件器物大量盛行，所謂“古之君子必佩玉”“君子無故，玉不去身”。同時，對應于文化上百花齊放、百家争鳴的時代背景，玉器造型亦呈現出千姿百態、自由靈巧的多彩景象。由于鐵器的普遍應用，製玉工具亦得到改進，從實物考察，這時的玉器雕琢手法多樣，顯示出水平極大提升，有些技藝之高超確實非比一般。玉與金屬細工的結合在戰國已很成熟，凡金、銀、銅、鐵這些在當時被視爲貴金屬的物質均能與玉組構成一器，金玉互襯，富麗堂皇。

秦漢魏晋南北朝是古代玉器前期發展的一個極盛期和轉折期，兩漢玉器則是前期玉器發展的總結和集大成者。漢代是歷史上的黄金年代，國强民富給琢玉業奠定了堅實的物質基礎，讖緯神學和孝道厚葬觀念的流行令葬玉之風尤熾。而“絲綢之路”的開通，亦使得新疆和田美玉得以源源不斷進入中原，爲琢玉業虎上添翼，成爲後來玉器材質的主流，質美工優的漢玉彰顯出大漢帝國的皇皇風姿。魏晉南北朝由于戰争頻繁、佛教盛興、儒學衰落，玉器開始進入一個低谷。

隋唐五代宋遼金是古代玉器演變的重要轉折點，標志着玉器從此進入了一個新的發展階段。唐代玉器以開闊浩大、雄渾豪邁的唐代文化爲依托，以雄厚的物質財力爲基礎，使它充滿極强旺盛的創造力，象徵着以禮儀等級爲特徵的古典玉器的終結，以及以裝飾世俗爲特徵的現實玉器的肇始。隨着隋唐以後城市經濟的加速發展，市民階層的逐步興起，玉器社會化程度大大擴展，逐漸朝着民間化、世俗化、商品化的方向發展，禮儀性玉器主流地位下降的同時，裝飾性玉器使用不斷上升，吉祥類圖案趨于普遍，所謂“圖必有意，意必吉祥”。

兩宋文化藝術繁榮，宋詞、院畫、瓷器、緙絲等均名重一時，宫廷文思院亦有專門機構碾琢皇室玉器，民間製玉及玉肆已較爲普遍，玉器作爲民間交易商品十分興盛。受當時繪畫影響，寫實的花鳥、走獸等玉器刻畫生動，神韵俱佳。北宋伴隨金石學的興起，玉器仿古作品亦由此大盛。遼金是由北方少數民族契丹、女真族建立的政權，但也受漢民族玉文化的熏染，存在製玉、佩玉習俗，玉器風格具有鮮明强烈的草原游牧民族色彩。反映金代貴族春秋二季狩獵活動的“春水”“秋山”玉，别具一種獨特的意趣和韵味，是傳統玉苑中的奇葩。

元明清是後期玉器發展的繁榮期。此時玉器社會化、商品化的程度愈趨加深，上至帝王貴族，下至市民百姓，用玉範圍十分廣泛，品種、數量達到空前的程度。元代爲蒙古貴族統治，朝廷對于漢族玉石觀亦加以接受，效法中原王朝制度亦建立了一套用玉規範。官府在大都設“諸路金玉人匠總管府玉局提舉司”製造宫廷玉器，同時，在杭州等地亦有官辦琢玉衙門。其對大型玉器的琢治有開創之功，代表作即是“瀆山大玉海”，成爲元代玉器最杰出的成就，具有劃時代意義。

明代皇家和民間用玉普遍，琢玉場所有北京、南京、杭州、蘇州等地，宫廷御用監内有爲皇帝製造御用玉器的場所，而蘇州專諸巷則成爲全國琢玉的中心，所謂“良匠雖集京師，工巧則推蘇郡”。并産生了最負盛名的一代玉匠陸子剛，名聞朝野，可與士大夫匹敵，號稱“上下百年，保無敵手”。

滿族入主中原，將本民族文化與漢文明交相融和，繼承玉文化傳統，將古代玉器的發展推向最後的高潮。除了宫廷養心殿造辦處、如意館外，蘇州、兩淮（揚州）、杭州、江寧、淮關、長蘆、九江、鳳陽等地都有琢玉的場所，而以造辦處、蘇州、揚州爲中心。清代中期的玉器是琢玉工藝的歷史鼎盛時期，代表性的當推乾隆年間的宫廷玉器，所謂“乾隆玉”“乾隆工”。這不僅由于乾隆皇帝本身對玉的喜愛和大力搜求，對宫廷所藏玉器進行評鑒，寫下八百多首（篇）吟咏玉器的詩文，上行下效，掀起社會普遍的愛玉風氣，還因爲乾隆二十四年平定回疆以後，出産于新疆的和田玉得以源源不斷地進貢于朝廷，使得玉材供應能得到充足的物質保障。乾隆時期，還有一支外來玉器對中國玉器産生了影響，這就是痕都斯坦玉器。痕都斯坦位于今印度北部、巴基斯坦大部及克什米爾一帶，古屬莫卧兒帝國，其地亦有琢玉傳統，器物以鑲金嵌寶、體輕透薄爲長，往往用花果裝飾，具有濃鬱的异域風格。乾隆年間作品貢入清廷後，當即受到乾隆皇帝的垂青，命工匠仿之，稱爲“西番作”。

源遠流長的中華玉文化，遺留下無數曠世絶倫的天工佳構，爲東方文明寫下精彩紛呈的一頁，值得我們永遠珍視及傳承光大！

新石器時代　玉琮

高 13 厘米，寬 7.3 厘米

表面呈棕黄色，局部爲赭褐色。長方柱形，外方内圓，上下兩端出射，射中間圓孔係兩面對鑽而成，遺有臺階痕。整器素面無紋。

《周禮·春官·大宗伯》："以黄琮禮地。"從文獻和考古資料考察，玉琮還有權力、殮葬等方面的意義。玉琮多見于史前，新石器時代晚期于太湖流域的良渚文化、西北甘青一帶的齊家文化中尤其流行，商周賡續。從此器形制、琢工考察，當爲齊家文化的遺物。

（張尉）

龍山文化　玉璋

長 31.5 厘米，寬 7.6 厘米

玉呈玄黑色。長條扁形，柄部長方形，底端傾斜；身部窄長，兩側略凹弧；頂端圓弧，應係改製。身、柄之間兩側各出一扉牙狀闌，兩闌間陰刻弦紋。柄近闌處鑽一孔。器之一面有一鋸切時留下的錯位痕迹。

《周禮・春官・大宗伯》："以赤璋禮南方。"璋的形制、用途亦十分多樣，玉璋始見于龍山文化，流行于夏商周時期。此璋玉材、工藝與陝西石峁龍山文化出土的同類器風格一致，當爲同時代遺物。

（張尉）

玉呈青白色，局部有赭紅沁。扁平體，鳥伏卧，單圈眼，勾喙，冠後仰，斂翅，翅飾雙鈎卷雲紋，足前屈，長尾後卷。

此鳥爲佩飾，造型、紋飾、技法具商代晚期典型特徵。商代玉鳥在考古出土和傳世玉器中常見，是商代玉器中一種代表性的器物。

（張尉）

商　玉魚

長 6.1 厘米，寬 2 厘米

青玉質地。局部略帶石灰沁。器身爲規整的薄片狀，厚薄均勻。魚吻部外撇，唇部鑽一小孔，可供穿繫佩挂。大圈眼，大斜刀刻出魚鰓，極簡綫條刻出背鰭和腹鰭，重刀在邊沿處收刀。尾較長，成刀削狀，中間有缺口，分上下兩部分，外撇，表面斜磨，似刀刃。整體勾綫道勁利落，簡潔而形意兼備。

（王卓凌）

春秋　雙龍首玉璜

長 10.8 厘米，寬 4.6 厘米

玉呈青綠色，局部有黃褐色沁。扁平扇面形，兩端琢對稱的簡化龍紋，龍口處有孔，可穿繫。器身兩面浮雕相同的繁密有序的蟠虺紋。

文獻中記載玉璜是古代的禮器，《周禮・春官・大宗伯》："以玄璜禮北方。"但據考古資料觀察，玉璜主要的功能還是作爲佩飾，爲雜佩的組件。這種雙龍首玉璜在春秋戰國盛行一時。

（張尉）

戰國　穀紋玉璧

外徑 11.6 厘米

青玉，微透明，通體受沁後泛土紅色。正圓形，扁平體，厚薄均勻。外緣略有殘損，內緣十分圓整。兩面紋飾相同，內外邊緣有陰刻弦紋，器身布滿均勻細密的穀紋。穀紋以減地法雕飾凸起，大小飽滿勻稱，綫條流暢自然，方向隨意靈活。器物側邊刻有“五百十三”字樣，當爲順序編號數字，戰國玉璧上常見。

《周禮・春官・大宗伯》：“以蒼璧禮天。”從文獻和考古資料考察，玉璧還有權力、財富、殮葬、辟邪、裝飾等方面的意義，流行于新石器時代至清代，是使用時間最長的玉器品種之一。

（潘曉芳）

西漢　穀紋玉劍首

直徑 4.2 厘米

白玉，局部有紅褐色沁。扁圓形，器身頗厚，外緣規整，正面紋飾分爲内外兩區。劍首内區圓凸，中心飾菱形紋，上陰刻四組卷雲紋；外區環狀，稍内斜，地子平整，以減地法雕穀紋，内外均有凸起的邊框。背部平素無紋，中部有一圈深凹槽，槽側無打孔，臺階高突。

劍首是鑲嵌于劍柄頂端的裝飾物。

（潘曉芳）

西漢　玉劍格

長 5.6 厘米，寬 2.3 厘米，高 1.8 厘米

白玉。截面呈菱形，側面呈横長方形，中部凸起一脊。器形中間厚，兩端薄，中部有貫透孔，用以置劍柄，孔壁有拉絲痕。器兩面共刻有十二篆字，當係後爲。

劍格，又稱劍琫，安于劍身與劍柄之間的位置，可作護手之用。漢代劍格常見的器面紋飾有獸面卷雲紋和螭虎幾何紋，有兩面紋飾相同的，也有通體光素無紋等。

（潘曉芳）

西漢　雲紋玉劍珌

高 4.8 厘米，寬 6.2 厘米

白玉，局部有深褐色沁。呈梯形，上窄下寬，兩腰内收成弧形，器體中厚邊薄。頂端有一孔，便于與鞘身相連。器身雙面以壓地隱起法雕刻變形雲紋，相互勾連，上下皆對稱排列，紋飾規整，刀工犀利。

劍珌爲劍鞘末端的玉飾。漢代劍珌造型變化多端，有束腰梯形、三角形尖刀狀、异形等。

（潘曉芳）

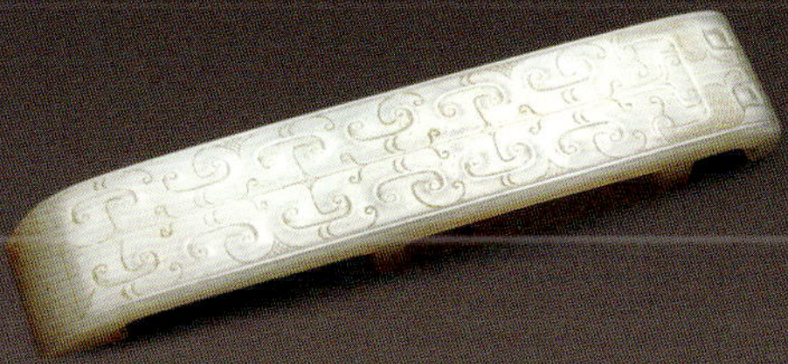

東漢　獸面雲紋玉劍璏

長 12 厘米，寬 2.5 厘米，高 1.5 厘米

白玉，局部受沁。器型修長，兩端下垂内卷，下部有一處供穿挂的長方形穿孔。一端飾有獸面紋，方眼，眼眶以減地法使其突起；眼眉粗厚，上揚内卷，細絲的毫髮紋密而不亂。璏面以如意雲紋爲中綫，周圍刻有勾連雲紋，排列密實，布滿器身。

劍璏鑲嵌在劍鞘上，穿繫于腰帶上，即可將劍佩于腰間，俗稱“文帶”。漢代劍璏出土和傳世的數量較多，器面紋飾除了流行的穀紋、蒲紋、雲紋等圖案外，常見的紋飾是用高浮雕手法琢一或二條（子母）螭虎，矯健威猛，生動有神。

（潘曉芳）

唐　蓮花玉珠

高 2.2 厘米，寬 3.2 厘米

玉呈青綠色，局部赭紅沁。圓雕花瓣層叠緊抱的蓮苞形，中間有上下通心孔，可用于穿繫佩挂。唐代寫實性植物花紋的流行開拓了古代玉器裝飾題材新的空間。蓮花象徵着冰清玉潔、自由脱俗，佛教把蓮花看作聖潔之花，在各種藝術品中均有表現，是傳統的吉祥圖案。此器造型渾厚，綫條粗獷剛質，具唐代雕琢風格。

（張尉）

宋　穀紋玉圭

長 22.4 厘米，寬 7.2 厘米

呈灰白色，局部赭黃色。扁平長方體，上端三角形，下端平直，其中一面中間出尖脊。兩面均浮雕排列規整的穀紋。

《周禮・春官・大宗伯》："以青圭禮東方。"《荀子・大略》："聘人以圭。"主要流行于新石器時代至周代。玉圭的形制、用途多樣，有平首、尖首、圓首等形制。尖首圭主要流行于春秋戰國，但一般素面無紋。宋以後金石學興起，仿古玉始盛。明代尖首玉圭多見，常飾以穀紋，然穀紋琢法與此器不類。從玉質、飾紋、琢工等特點綜合考量，此圭時代歸屬宋代較宜。

（張尉）

宋　玉孔雀

長 6.8 厘米，寬 4.7 厘米

玉呈灰白色，局部黑褐色。扁平體，透雕一伏卧孔雀，回首曲頸，冠後仰，圓眼，口銜靈芝，一翅着地，另一翅抬舉，長尾上揚。刻畫細微，充滿民間清新濃鬱的生活氣息。動物形玉飾是古代玉器中的重要品類之一，主要指寫實的肖生動物。隋唐以後肖生動物得到很大发展。而飛禽在宋代最爲常見，其纖秀清麗的裝飾風格既是彌漫兩宋藝壇的時代風貌的折射，也是兩宋花鳥畫的影響所致。

（張尉）

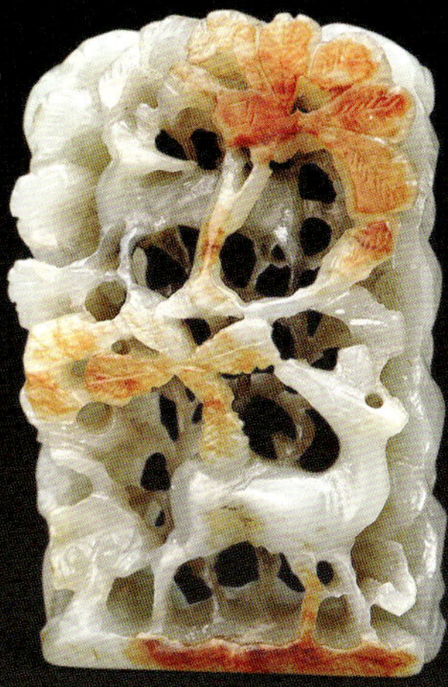

金　秋山玉飾

長 6.2 厘米，寬 3.9 厘米

玉呈青白色，局部留有赭黃色表皮。扁平長方形，透雕二鹿于山林中自由漫步、相互顧盼的情景，旁有靈芝、山石等。以玉之表皮來描摹秋天樹葉變黃的天然狀態，匠心獨到，這種“俏色”手法爲少數民族玉匠最擅采用的玉雕技藝之一。金代玉器中最有代表性的器物是再現春秋二季狩獵生活的“春水”“秋山”題材的作品。金代統治者沿襲了遼人的狩獵習俗，并稱之爲“如春水”“如秋山”。“秋山”玉不似“春水”玉那般劍拔弩張，而是刻畫在深秋的柞樹林中，幾隻鹿兒在悠閑地踱步，或顾盼，或飲水，有的表現熊、虎的形象，或伏卧，或行走，皆呈一派恬静平和的自然景象，令人體味不到些許的血腥氣氛，而這種殺戮前的短暫寧静，是“秋山”玉區别于“春水”玉的完全不同的表現方式，從而另具一種獨特的意趣和韵味。

（張尉）

元　龍鳳紋玉帶飾

長9.3厘米，寬7.9厘米

白玉，扁平長方委角形。正面浮雕一穿花龍，回首曲頸，與其上一回首飛鳳顾盼呼應，其間有一火珠，周圍環繞荔枝叢葉。背面平素，四角各有一牛鼻形孔，可穿繫于革帶上。琢工用刀深峻，綫條粗獷圓渾。

龍鳳紋爲傳統吉祥圖案，寓龍鳳呈祥之意。荔枝諧音“利至”有連理、吉利含義，故此器紋樣富有對美好愛情的祈願。

（張尉）

白玉，呈圓柱山峰狀。采用多層鏤雕、深雕、陰綫相結合手法琢刻出白鷺穿梭于荷蓮、葦葉、水草中的景象。頂部裝飾兩片蓮葉，下部共雕琢四隻鷺鷥，身形纖細柔美，一隻鷺鷥回首瞭望，三隻鷺鷥在水草叢中覓食，生動寫實，頗有生活氣息。器底爲橢圓形，有四對象鼻孔，可用于鑲嵌。蓮鷺紋有“一路連科”的吉祥寓意，是常見的傳統題材。

（潘曉芳）

筆架，又稱筆山、筆擱。主要用于架筆，有些形狀緊湊，重心低的，還可以作爲鎮紙。玉質筆架大致分兩類：一類仿自然奇石，一般呈山形，平底，上邊碾磨出凹形置筆孔，用于擱筆；另一類雕動物、吉祥紋樣，以賦予美好寓意。

此件玉筆架爲青玉質，帶黄色表皮。采用鏤空透雕法琢出山石的造型和孔洞，平底。石下兩側各琢有一隻卧鹿，三角形眼，閉口，一大角後展，回首屈伏，臀部高突，飾以“米”字形紋，短尾下垂，兩鹿于山石間遥相呼應，和諧對稱。石洞旁以粗獷簡練的刀法雕刻竹葉、獸石、靈芝，寓意“富貴長壽”。上端數處圓凹，可用于擱筆，也可作擺件文鎮之用。

鹿在古代吉祥文化中占有相當重要的地位。古代“四靈”中龍和麒麟都有鹿的特徵，它不僅是長壽的象徵，在古代還代表政權和帝位。自古以來，竹以寧折不彎被稱爲君子，諧音“祝”，有祝福之意，又因竹之主幹節節而生，被賦予了節節高升之意。松、竹、梅被稱爲歲寒三友，凌霜傲雪，寒冬臘月中仍能常青，在傳統文化中象徵玉潔冰清、淡泊寧静的高尚品格。靈芝寓意吉祥、美好、長壽，稱做“瑞徵”或“慶雲”，被視爲吉祥如意的象徵，與獸、石相結合有“富貴長壽”之意。

（王卓凌）

明　龍紋玉帶飾

長 9.3 厘米，寬 7.9 厘米

白玉，扁平長方委角形。多層透雕，正面菱形開光内透雕一側面龍，張牙舞爪，卷草環繞；開光周圍，透雕“卐”字紋。背面平素，四角各有一牛鼻形孔，可穿繫于革帶上。

此器系方銙之一，“卐”字符，武則天定音爲“萬”，義爲“吉祥萬德之所集”，廣泛見于古今中外各種圖案中，是傳統吉祥觀念的藝術體現。玉帶在明代製作數量極大，且制度更嚴，規定衹有皇帝、皇后、妃嬪、太子、親王、郡王、公、侯、駙馬、伯及一品官以上纔能佩玉帶。明代玉帶定製爲“三台”“六桃”“兩輔弼”“雙卐尾”“七排方”，共二十塊玉帶板。裝飾圖案有雲龍紋、獅紋、鹿紋、麒麟紋、花鳥紋、嬰戲紋等。

（張尉）

清中期　福壽紋如意耳活環玉洗

長 37 厘米，寬 32.3 厘米，高 12.8 厘米

碧玉質。圓形，器外一周浮雕蝙蝠、桃子等，兩端對稱作如意形耳，耳下銜活圓環，底有圈足。蝙蝠寓意福，桃子寓意長壽，皆爲傳統吉祥圖案，常見于各種藝術品中，在明清尤其流行。此器端莊沉穩穩，渾樸規整，具清中期風格。

（張尉）

清　太平有象瓶形玉硯

長 16 厘米，寬 11 厘米

玉硯相對于石硯出現得較晚，多流行于明清，形制多樣，與同時期石硯類似。除了石硯、玉硯，還有以瑪瑙、水晶、翡翠等作爲材質的硯臺。

玉類硯材，質地光滑細膩，硬度高，不傷毫，但相較于石硯不发墨，多用來研磨硃砂以校書批注，亦作掭筆用，爲案頭賞玩之雅物。

此玉硯爲白玉質，略帶灑金皮，琢成扁瓶形，侈口、束頸、溜肩、鼓腹、長方圈足，硯體厚重。口沿、頸部與圈足同飾回字紋，上下呼應。頸部兩側各琢一象首作耳，中間刻錦地雙螭紋，瓶口深挖成凹弧橄欖形硯池。瓶腹下凹爲硯堂，背面淺浮雕一瑞象，呈站立狀，神態祥和。

因“象”與“祥”諧音，“瓶”與“平”諧音，故寓意爲“太平有象”，象徵“平安吉祥”和“出將入相”。

此玉硯設計精巧，造型獨特，紋飾雕琢精細傳神，爲上等文房佳器。

（王卓凌）

清　福禄壽玉山子

高 18.6 厘米，寬 16 厘米

青白玉。正面琢刻壽星和童子，背面雕雙鹿奔躍于山林曠野之間。童子、鹿、壽星相應寓意福、禄、壽。整件作品疏密有序，構劃有章，畫面感極强。

清朝是玉山子製作的鼎盛時期。山子一般多以次生籽料的原始形態進行隨形構思、設計和雕琢，并以山林爲場景，其間加以人物、動物、流水、亭閣來配景確定主題。從取景、布局到層次排列都滲透着繪畫的章法，將傳統的平面書畫轉换成了立體的山水，充滿詩情畫意，在玉雕作品中是别具一格的類型。

（陳偉）

清　福壽紋玉如意

長 32.2 厘米

青白玉。素柄曲綫流暢，頭部飾蝙蝠和靈芝，靈芝如祥雲浮現，蝙蝠繞飛其中，紋飾簡潔明快，主題清晰。

如意是傳統文化中的吉祥物件，最初由古代的笏和搔杖的基本形制演變而來，如今我們見到的如意造型則由雲紋、靈芝演化而來。如意即是靈芝，也是祥雲，千年靈芝象徵延年益壽，祥雲寓意羽化登仙，故也是道教中的常見之物。

（陳偉）

清　玉太獅少獅

高 11.4 厘米，寬 10 厘米

白玉質。太獅口銜牡丹一株，少獅仰頭呼應太獅，憨態可掬，太獅的威嚴和少獅的活潑，一静一動，增强了視覺的張力。整體造型生動傳神，渾厚敦實。

太獅少獅爲傳統吉祥題材。“獅”與“師”同音，太師是封建社會位極人臣的高官，位列三公之首，少師也是歷代沿襲的官位，與少傅、少保合稱“三孤”。此類題材常以諧音取意，寄托襲高官厚禄、享富貴榮華之願。此件太獅口銜牡丹，在同類題材的作品中較爲少見。

（陳偉）

清　瓜棱式玉鼻烟壺

高 6.4 厘米

白玉質，瓜棱形，直口、短頸、溜肩、腹部漸收，平底，底心内凹。壺身用斜削推磨之法，通體雕琢聳起瓜棱紋，棱角交代清晰，瓜瓣之間起陽綫，從頸部直至壺底，綫條流暢挺拔。口上配碧璽壺蓋。打磨精細，不留任何碾琢痕迹，展現了高超的琢玉工藝。

鼻烟自明末清初傳入中國，用于盛放鼻烟的鼻烟壺亦隨之流行開來，并成爲精美的工藝品。鼻烟壺的製作常常采用瓷、銅、象牙、玉石、瑪瑙、琥珀等材質，運用青花、五彩、雕瓷、套料、巧作、内畫等技法，并汲取域内外多種工藝的優點，被雅好者視爲珍貴文玩。

（王卓凌）

瓷器

明崇禎朝至清乾隆朝景德鎮瓷器的燒造

陸明華

明崇禎朝至清乾隆朝（1628–1795）的近一百七十年間，江西景德鎮窑業經歷了瓷器燒造起伏的歷史巨變。明朝崇禎年間，國祚將盡，改朝换代在即，但景德鎮民間瓷業却十分活躍，産品品種豐富，燒造質量也很高。清初順治時期，新王朝閉關自守，民窑産品基本承襲了前代風格。進入康熙朝，百廢待興的景德鎮窑業，官窑業重入佳境，发展迅速，民窑業也在中後期取得了重要的燒造成果。至雍正、乾隆兩朝，朝廷在當地的御器燒造達到了空前的水平，仿古、創新産品層出不窮，與此同時，民窑業也有很大的发展。本文主要圍繞明崇禎至清乾隆時期景德鎮的瓷業发展和變化，叙述當時官民窑瓷器的燒造。

對明末崇禎到清代乾隆朝的景德鎮瓷業发展歷史，大致可以勾勒出景德鎮不同時代的不同特點：

一、崇禎朝——内售興旺、外銷活躍。二、順治朝——延續前代、維持舊風。三、康熙朝——御窑大造、民窑盛燒。四、雍正朝——精益求精、健康发展。五、乾隆朝——全面開花、百業興旺。這五個朝代的瓷業发展很不平衡，盛時極盛，衰時極衰。但總體來説，康熙、雍正、乾隆三朝的勢頭最爲强勁，無愧爲燒造盛世，無論是官窑還是民窑瓷器的製作，均有很多亮點，給後世留下了大量名品精品。

明代景德鎮瓷器的发展，基本上是以官窑業的发展爲主綫，官瓷的長期强勢燒造與供御，當地民窑業受到了很大程度上的打壓，始終處于明顯劣勢甚至是邊緣化狀態。進入十七世紀的明萬曆後期，長期持續製作的官瓷逐漸停止供御燒造，景德鎮官窑業獨大的瓷業格局不再繼續維持，自此以後到天啓朝的景德鎮民窑業有了轉圜餘地，重新開始活躍并逐漸擴大燒造。尤其是到崇禎時，當地民窑已全面復蘇，燒造的大量新穎産品，像一股清泉噴涌而出，内銷華夏，外銷日本、東南亞、中東和歐洲。

以當時的政治形勢，景德鎮窑業的迅猛发展似乎是出人意料的，因爲歷史已將政治腐敗的明朝推到了即將滅亡的邊緣。但民用經濟需要瓷窑業的发展，受壓太久的民窑業早已蓄勢待发，因此到了崇禎時期，無論是内售還是外銷，都可説是供銷兩旺。萬曆後期到天啓朝，當地已開始燒造專供出口的瓷器，到崇禎時這種被歐洲人稱爲“克拉克”的貿易瓷，受到了更大的歡迎，産品源源不斷地向外輸出。同時，景德鎮民窑也燒造了許多被今人稱爲“轉變期”風格的瓷器。兩大類型的主體瓷器品種同時齊发，既供應了外銷，也滿足了内需。

清王朝入主北京以後，國内依然戰亂頻仍，政局不穩。景德鎮窑業也受到了嚴重打擊，而且隨着海外貿易的終止，瓷器無法外銷，原先的對外輸出渠道中斷，當地生産的器物僅僅維持國内的銷售。

不過，崇禎時期的所謂“轉變期”瓷器産品，在順治朝依然燒造，風格基本上與前朝相似。

所謂“轉變期”的瓷器主要是兩大類，青花和五彩瓷器，也有少量單色釉等製品。青花瓷器以國産青料—浙料爲主，也有很多産于江西的土青。用浙料燒成的青花瓷，青藍幽菁，甚受人們喜愛，崇禎七年的宋應星《天工開物》中，就提到過這種“上品細料器”。當時的流行形製中，最典型的是直筒瓶、罐、爐、筆筒等器物。五彩瓷器同樣如此，但崇禎朝産品傳世較少。目前傳世品中所見，以清初順治産品爲多。崇禎和順治的五彩瓷器都是釉上彩，所用彩料濃重，如紅彩，延續晚明官窑的棗紅色深厚風格，通常多作爲襯飾的緑彩、黄彩等也頗爲濃深。本書中的五彩雲龍紋花觚，器身彩繪，具有明末的典型彩料特點，所繪龍紋，與傳世品中“甲戌春孟趙府造用”龍紋盤（崇禎七年）有很大相似性，不過，傳世品中類似風格的花觚，以順治産品爲多。

康熙朝爲時六十一年，景德鎮瓷器燒造，可以分成三個歷史時期，大致上以二十年爲一期。康熙元年到十九年，景德鎮官瓷很少燒造，僅見康熙十年官方有“燒造祭器等項，陶成始分限解京”的地方志等文獻記載，實際存在的器物還有待進一步確認，傳世所見基本上多爲民窑産品。康熙十九年朝廷派遣臧應選等四名官員前往江西督造瓷器，直至康熙二十七年。此次御窑大規模燒造，是清代歷史上的第一次大造，燒製産品很多，質量也十分精湛，有青花、彩瓷、單色釉和其他釉彩品種，傳世品中有很多器物應屬于這一時間段燒造。這是康熙歷史上最重要的見于文獻記載的“大造”。這次燒造，給後世産生了十分重要的影響。

根據康熙朝文獻記載，康熙帝玄燁對瓷器有自己獨特的觀念，至少與其子雍正帝、其孫乾隆帝有一定區别。可以説，這位君主并不喜愛古瓷，康熙帝曾警戒臣下：“嘗見有人講論舊磁器皿，以爲古玩。然以理論，舊磁器皿俱係昔人所用，其陳設何處俱不可知，看來未必潔净，非大貴人飲食所宜留用，不過置之案頭，或列之書厨，以爲一時之清賞可矣。此亦富貴人家所當留心之一節，故語爾等知之。”此事記録于清《聖祖仁皇帝庭訓格言》中。可以推測，康熙帝或許是更喜愛新工藝燒造的新瓷器産品。康熙十九年到二十七年的大量燒造，很多新工藝産品進入宫廷，一方面，逐漸進入和平環境的朝廷需要大量宫廷用瓷，另一方面也許就是迎合了他的觀念。

康熙朝景德鎮民窑業是在晦暗中度過第一個二十年時間的。順治朝改朝换代的創傷剛剛抹平，康熙十三年又經歷了“三藩之亂”的嚴重破壞，吴三桂的起事，使當地民窑業損失慘重，窑爐作坊摧毁，窑工逃亡他鄉，到康熙十六年，當地民衆纔逐漸返回家園恢復正常生活并重燃窑火。康熙二十三年以後，當地民窑業終于迎來了歷史的春天，海禁的開放和燒造政策的相對寬松，使景德鎮民窑瓷器的燒造有了很大的變化。無論是銷往國内各地的産品和銷往海外的貿易瓷，産品數量陸續增長，質量也大幅度提高。其中貿易瓷的生産在康熙晚期（十八世紀前期）達到了高潮，海外不少記録證明這時期是海上絲綢之路又一個十分活躍的時期，大量中國瓷器來到了歐洲大陸，其中最多的也是最精美的就是景德鎮瓷器。從内需角度看，康熙中期民窑業的发展是穩中有升，康熙晚期在外貿加速的刺激下，前景更加可觀，除了“官私合一”的郎窑燒造很多精美瓷器以外，實際上當地還有不少私營窑業活躍于景德鎮，燒造了很多上等的瓷器産品。現在有不少康熙晚期的民窑瓷器，燒造質量十分精湛。康熙六十一年，前大臣明珠的家人安岐後人安尚義在景德鎮設窑，自籌資金，不干擾地方政治，“低調”致力燒造，燒成産品則進貢給北京皇家，這種情況可能一直延續到雍正五年。對這一段燒造歷史，過去了解不多，尚需進行深入的探討，隨着研究的深入，情況會更加明朗。

康熙晚期的官窑燒造，没有充分的記録，但關于珐琅彩瓷器的燒造，則在江寧織造曹寅（《紅樓夢》作者曹雪芹祖父）給康熙帝的奏折中有明確披露。不過這種瓷器燒造的主要是單色釉半成品，景德鎮燒成後運至北京皇家的内務府造辦處，再加繪各種珐琅彩，低温烘烤後供帝王御用或饋贈、賞賜用。

上海文物商店的康熙瓷中有康熙黄釉刻花龍紋菊瓣紋盤、素三彩菊石花卉紋盤(一對)，還有鬥彩開光鳳穿牡丹紋長方枕、五彩魚藻紋盤。黄釉具有典型的官窑風格，底書“大清康熙年製”青花官款。鬥彩枕和五彩盤製作也十分規整精美，尤其是後者寫有特殊的“在川知樂”青花方款，傳世康熙五彩中，有相同紋樣和款識産品存世，都是質量上乘的器物。

雍正朝景德鎮瓷器産品，是清代最具觀賞性的器物，尤其是官窑瓷器，幾乎每一件傳世雍正官窑瓷都有着這樣的産品風格。雍正官窑的燒造通常被認爲是在雍正四年開始，這一年，皇家派遣内務府總管年希堯前往江西任景德鎮御窑廠總理，從此拉開了雍正官窑瓷器的大規模燒造。雍正六年，内務府員外郎唐英被派遣往江西景德鎮御窑廠任“協造”，不久他完全接替了年希堯任督陶官。在唐英的用心管理和督造下，雍正朝官窑的瓷器燒造質量突飛猛進，在他的指導和設計下，至雍正十三年，不少傳統工藝被恢復，也有采用新工藝製作的器物，成爲當時的重要燒造品種，他在《陶成紀事》中記録的工藝品種達到了五十七種。因此，雍正官窑瓷器色色具精，傳世産品中很難挑出雍正官窑瓷的瑕疵或不完美之處。

雍正民窑瓷器雖然無法同官窑相比，但所燒産品中，也有很多精美之作。這與一個時代官窑産品對民窑産品的影響是分不開的。

本書所收上海文物商店收藏的雍正官窑瓷器，如釉里紅三魚高足碗、藍地白花蓮池魚藻紋碗，另有書“浴硯書屋”款識的青花紅彩船型杯托等。釉里紅和藍地白花瓷器是明代宣德官窑的傳統器物，但明代中期以後很長時間内均很少燒造，清代仿燒物品以雍正産品最佳。“浴硯書屋”則應是屬于齋堂名款一類，這種製作精美的器物顯然不是普通的定燒器，至少屬于王室貴胄。

乾隆朝是中國古代瓷器集大成的時期，乾隆帝與其父親一樣酷愛瓷器，無論古玩新品，他都有興趣賞玩。他可以把歷史上的名貴瓷器，集結起來自编御製詩，鎸刻或書寫于器物上，也會直接指揮景德鎮御窑廠，按自己的意願很具體地命令燒造自己想要的器物。乾隆時期的官窑瓷器，品種繁多、應有盡有，仿遍歷代名窑瓷器，也仿遍各式工藝品種，但凡金、銀、銅、竹、木、漆、玉、石等質地器物，皆有瓷質仿品，既逼真又精致。不過，當時的主流産品依然如前朝那樣，青花、彩瓷的生産還是最多的。

單色釉瓷器是雍正、乾隆朝的强項，仿宋代汝窑、官窑和哥窑的器物，在雍正朝御窑廠有不少燒造，乾隆朝産品質量毫不遜色，上海文物商店列舉的官窑器物中有一對仿汝釉花觚，反映了當時的燒造水平。另外，粉彩無量壽佛、敬畏堂款古銅彩雙耳尊、胭脂紅彩雙龍靈芝紋洗，燒造質量均很高。

清代雍正乾隆時期，像生瓷燒造流行，官窑、民窑均有産品出現。很多器物完全達到亂真程度，上海文物商店藏品中一件仿生荔枝，體現了當時窑工瓷藝的高超與成熟。此荔枝原始囊匣尚存，并書有“乾隆窑磁胎雙連荔枝”“壬戌中秋醇郡王爺恩賜賞得”。按醇郡王愛新覺羅·奕譞，道光三十年受封。壬戌爲同治元年。

清代嘉慶初年，景德鎮官窑瓷器燒造基本上沿襲乾隆風格，此後燒造質量下降，官瓷業也逐漸衰退。不過這一朝也有不少精美産品出現，如本書中的一對粉彩象馱寶瓶具有乾嘉時期官窑的典型風格。

明崇禎　景德鎮窑青花人物故事圖筒瓶

高 43 厘米，口徑 14 厘米

敞口外撇，短頸溜肩，直身，平底，底有明顯旋削痕。通體繪青花，青花发色鮮麗明快。口沿飾下覆尖狀蕉葉紋，器身繪《西厢記》人物故事圖，畫面中張生和崔鶯鶯相向而坐，紅娘捧茶進入。

筒瓶，亦稱“一統瓶”“直筒瓶”或“象腿瓶”，因瓶身呈直筒狀而得名，出現于明代晚期，在清代因爲寓意“天下江山一統”而廣爲流行。

崇禎青花瓷器使用浙料。浙料與永樂宣德年間的“蘇麻離青料”、成化年間的“平等青料”、正德年間的“石子青料”、嘉靖萬曆年間的“回青料”相比，在發色上有很大差距。浙料發色淺淡，藍中泛灰，燒造效果并不理想。于是景德鎮的製瓷工匠們改進了浙料的提煉方式，由傳統的“水選法”提升爲“煅燒法”，提高浙料的發色質量，呈現出藍青色。

（施泳峰）

明末清初　景德鎮窑青花五彩雲龍紋花觚

高 41 厘米，口徑 18 厘米

喇叭口，鼓腹，直身，下部外撇，無釉平底。通體以五彩裝飾，圖案分上、中、下三組，上部是雲龍紋，中間爲博古圖，下部繪福山壽海，畫面生動，層次分明，色彩鮮艷。紅彩、緑彩和青花相得益彰。

花觚，亦稱“蕉葉瓶”，是仿商周青銅器造型的陳設用瓷，用于插花與布置廳堂，出現于元代，流行于明清。

據考古發現，五彩瓷器最早出現在元代，在明代嘉靖、萬曆年間流行。有紅彩、黄彩、緑彩、孔雀緑彩、褐彩等多種色彩，其中以紅彩的運用最爲突出，形成濃紅艷緑、絢麗濃重的裝飾特點。由于明代五彩没有藍彩，故以釉下青花來表現藍彩。清初五彩瓷器繼續以傳統的紅彩、緑彩、黄彩、青花進行裝飾，流行以兩種不同的色彩來表現畫面的陰陽嚮背，裝飾風格已經從明代的偏重紅彩，轉向偏重緑彩。

（施泳峰）

清康熙　景德鎮窑五彩魚藻紋盤

直徑 20.6 厘米

造型呈敞口、弧腹、圈足，底部有“在川知樂”四字二行青花楷書雙框款。通體描繪五彩魚藻紋，畫面中十餘尾鮮活跳躍、追逐嬉戲的鯉魚、鱖魚、鯖魚、鰱魚等，寓意“年年有餘”或“吉慶有餘”，蘊含喜慶的意味。

清代的葉夢珠在《閱世编》中說：“磁器，除柴、定、官、哥諸窑而外，惟前朝之成窑、靖窑爲最美，價亦頗貴。”表明康熙時期人們對嘉靖瓷器特別推崇，這件清康熙景德鎮窑五彩魚藻紋盤就是康熙年間模仿嘉靖五彩的作品。畫面中荷花與浮萍之間幾尾游魚在水中游弋，荷花與浮萍漂浮搖曳。以紅彩勾出游魚的魚鰓、魚鱗，以淡紅色染色，以黑彩點睛，游魚的體態肥腴，姿態各异，細膩逼真，動感十足。整幅畫面構圖飽滿，繁而不亂，層次分明，以簡潔平淡的筆法描繪出游魚的活潑姿態，展現出生命的韵律。

“在川知樂”的典故出自《莊子》。莊子與惠子在濠梁游玩，看到水中的魚兒自在嬉戲，莊子曰：“鰷魚出游從容，是魚之樂也。”惠子曰：“子非魚，安知魚之樂？”莊子曰：“子非我，安知我不知魚之樂？”惠子曰：“我非子，固不知子矣；子固非魚也，子之不知魚之樂，全矣。”

（施泳峰）

清康熙　景德鎮窑素三彩菊石紋大盤（一對）

高 5 厘米，直徑 32.5 厘米

敞口，弧腹，圈足，底書“大清康熙年製”六字二行青花雙圈楷書款。盤形周正，胎體較薄，盤内壁暗刻雲龍紋，盤心以黄、绿、紫、黑彩等描繪出菊花和壽石，寓意“杞菊延年”。以黑彩勾勒紋飾輪廓綫，將菊花的飽滿、壽石的豐碩表現得淋漓盡致，紋飾層次分明，色彩明净素雅。

此對素三彩大盤的製作工藝，是先在素胎上暗刻雲龍紋，施透明釉，然後入窑高温燒成白釉暗刻雲龍紋大盤。隨後在大盤的表面用素三彩料描繪出紋飾，最後入窑經低温焙燒而成。産品燒成後，釉下刻花與釉上彩繪相結合，素三彩紋飾下透着若隱若現的暗刻紋飾，可謂新穎别致，獨具匠心。

（施泳峰）

大清康熙年製

清康熙　景德鎮窰黄釉刻花龍紋菊瓣形盤

直徑 15.8 厘米

造型呈盛開的菊花狀，菊瓣棱綫堅韌有力，外撇花瓣口，淺腹，淺圈足。盤心暗刻雲龍紋，有“萬壽齊天”四字暗刻篆書，底書“大清康熙年製”六字二行青花楷書款。通體施黄釉，釉色深沉，釉汁瑩潤，體現出康熙黄釉秀雅精純的時代特徵。

菊瓣盤出現于宋代，在宋代哥窰、金代定窰、元代龍泉窰等窰場均有燒造，明清兩代繼續燒製，尤以清康熙、雍正、乾隆三朝最爲盛行。

在清代，黄色是僅供皇家專用的瓷器釉色。不論是在宫廷的使用，還是在生産與運輸以及次品的處理上，對黄釉瓷器都有着極其嚴嚴格的管理製度，這也從側面反映出封建社會森嚴的等級制度。

康熙黄釉的色澤有深淺濃淡的變化，既有呈色淡雅嬌嫩的，也有呈色濃重深沉的。器物分成兩類，一類模仿明代造型，特别是仿明代弘治朝的器物；另一類則是清代創燒器物，流行暗刻紋飾，器物内外均施黄釉，圈足施透明釉，器底有青花款識。此盤即屬于後一類。

（施泳峰）

清康熙　景德鎮窑鬥彩開光鳳穿牡丹紋枕

長 56.1 厘米，高 18.5 厘米，寬 18.5 厘米

整體呈長方形，枕面極長，中間微下凹。主題紋飾爲開光“鳳穿牡丹”，用綬帶將開光兩角予以連接，綬帶有結，結兩端飾“連升三級”圖案和花卉紋。鳳凰與牡丹，寓意美好和幸福，鳳凰是百鳥之王，牡丹是百花之王，兩者聯結，相得益彰，更增添了優美的情趣。

此枕集青花、素三彩、鬥彩、鏤空等多種製作工藝于一身，這在康熙鬥彩器物中極爲少見，并且彩料中無粉質感，這與雍正鬥彩的彩料中含粉質感截然不同。

（施泳峰）

清雍正　景德鎮窑釉裏紅三魚紋高足杯

高 11.6 厘米，口徑 16 厘米

釉裏紅是以氧化銅爲呈色劑，在高温還原氣氛中燒成的釉下彩。由于氧化銅的發色對燒成氣氛、温度的要求十分嚴格，所以釉裏紅瓷器的燒造難度很大，常常産生“飛紅”的效果，成品率較低。釉裏紅最早在元代景德鎮窑場出現，明代洪武、宣德時期盛極一時，清康熙朝重新恢復燒造，以雍正、乾隆時期燒造最爲成功。此杯足内窪邊書青花六字“大清雍正年製”楷書款。

清代唐英《陶成紀事》將釉裏紅瓷器中的“三魚、三果、三芝、五福四種”稱爲“仿宣窑寶燒”。高足杯俗稱“把杯”，又名“馬上杯”，有陶質、瓷質之分。陶質者以龍山文化黑陶高足杯最爲著名；瓷質産品最早流行于隋、唐，源于同時期的金銀器，明顯受到西亞文化的影響，後成爲元、明、清的常見器形。

（周雅克）

清雍正　景德鎮窑霽藍釉白花蓮池魚藻紋碗

高 8.3 厘米，口徑 17.2 厘米

藍地白花瓷器是在通體藍釉地色上，襯以白色花紋，再罩透明釉高温燒成，具有特殊的藝術效果。始創于元代，明代宣德、成化、萬曆和清代康熙、雍正時期都有燒造，其中又以元代和明宣德時期的製品最爲珍貴，常見紋飾有龍紋、葡萄紋、牡丹紋、魚藻紋等。此碗碗心落青花雙圈六字“大清雍正年製”楷書款，整體構圖規整，形象生動，色彩對比强烈，藍地深厚匀净，白花紋飾有立體感，屬雍正官窑的復古佳作。

（周雅克）

清雍正　景德鎮窑青花紅彩雲龍紋船形杯托（一對）

長 14 厘米，寬 8.5 厘米，高 4.9 厘米

青花紅彩首創于明宣德時期，是釉下彩與釉上彩相結合的裝飾品種，先燒成青花瓷器，并在釉上用礬紅彩描繪圖案，再以低温烘烤而成。

此對杯托内外均飾青花紅彩雲龍紋，底施白釉，落墨彩雙方框四字“浴硯書屋”楷書款。室名款通常指將私人住所或書房名稱刻、印、書寫于訂燒瓷器上作爲私家用瓷或藏瓷的標志，又稱私家藏款、堂名款、齋名款、齋堂款等。室名款于宋代已初露端倪，明代後期形成風尚，清代景德鎮官窑也有室名款，尤以康熙、乾隆、道光時使用最廣。

（周雅克）

清乾隆　景德鎮窑胭脂紅彩雙龍靈芝紋洗

高 4.5 厘米，腹徑 12.5 厘米

胭脂紅是以金爲着色劑低温燒成的，于清代康熙年間從西方傳入我國，又稱洋紅、金紅。清《南窑筆記》記載："今之洋色則有胭脂紅、羌水紅，皆用赤金與水晶料配成，價甚貴。"胭脂紅器以雍正、乾隆兩朝最精，器形有瓶、罐、盤、碗、杯、碟等，多爲小件，唐英撰《陶成紀事》稱之爲"新仿西洋紫色器皿""西洋紅色器皿"。

螭龍是古代傳説中的一種動物，屬蛟龍類。《説文·蟲部》有釋："螭，若龍而黄，北方謂之地螻。"軀體比較粗壯，有的作雙尾狀。螭紋最早見于商周青銅器上，受復古風氣影響，宋代瓷器上開始大量出現螭紋。明清瓷器上的螭紋有蟠螭、團螭、雙螭等，表現手法多爲繪畫，偶有塑貼。靈芝寓意長生不老，自古被視爲仙草，是明清時期的流行紋飾。螭龍靈芝紋在宋代首先出現在玉器上。

水盂用以貯存、灌注研墨用水，又稱水丞，與筆洗、硯滴皆屬文房水器。此件水盂斂口，扁腹，矮圈足，底施白釉，口沿飾如意雲紋，腹飾螭龍靈芝紋。所繪兩條螭龍細長盤曲，密布麻狀斑點，如藤蔓草葉一般，俗稱"香草龍"。龍嘴銜住靈芝，器腹近足處飾蓮瓣紋，修足規整。一般胭脂紅器容易剥彩，此器幾無剥彩，實屬難得。

（周雅克）

清乾隆　景德鎮窑古銅彩雙耳尊

高 26 厘米，口徑 16.5 厘米

撇口，頸部自口至肩漸斂，圓肩，鼓腹，外撇足。肩飾夔龍雙耳。底書“敬畏堂製”二行四字金彩楷書款。通體以醬色釉爲地，器外繪金彩，頸部有蕉葉紋，腹部爲米字紋和蕉葉紋，足部回紋，均以金彩描繪，雙耳飾金彩。器型和紋飾均仿銅器，因而稱其爲“古銅彩”。

古銅彩始于雍正朝，盛行于乾隆朝。敬畏堂爲清代景德鎮瓷器堂名款，乾隆朝王府用器可見此款。

古銅彩模仿古代青銅器的效果，古樸厚重。通常是在茶葉末釉或鐵銹花釉上，用紅彩、藍彩、綠彩等低温彩表現古樸斑斕的鐵銹斑點，或以金彩摹繪璀璨的錯金銀圖案，有的還將金箔灑滿器身，以模仿銅爐灑金片的效果，最後在低温中二次燒成，其質感和色彩與青銅器相若。古銅彩瓷器的造型逼真生動，古樸典雅，是清代景德鎮官窑的特殊品種，製作工藝考究，僅供宫廷使用。

（施泳峰）

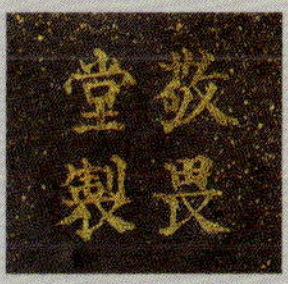
敬畏堂製

清乾隆　景德鎮窑粉彩無量壽佛

高 18.7 厘米

佛教中，無量壽佛即阿彌陀佛，是西方極樂世界的教主。彌陀净土爲其所建，又稱“西方净土”“極樂世界”。供奉無量壽佛，向往彌陀净土，是中國古代社會各階層的宗教信仰。乾隆皇帝崇信無量壽佛遠勝以往諸帝。乾隆三十五年，爲慶賀其母孝聖憲皇后八十壽辰，在北海建樓，供奉萬尊無量壽佛，名“萬佛樓”。

佛像頭戴五葉寶冠，雙手于臍前結禪定印，掌中捧盛裝火焰狀摩尼珠的寶瓶，結跏趺端坐于蓮花座上。此尊佛像製作精細，莊嚴奢華，呈現典型的清代乾隆朝宮廷造像藝術風格。

據《清宫造辦處檔案》記載，乾隆十三年（1748）唐英奉命燒造瓷塑佛像，始終無法燒成，于是乾隆皇帝下旨嚴厲斥責，“想是唐英不至誠……着他至誠燒造”，可見瓷塑佛像燒造的不易。

（李晟超）

清乾隆　景德鎮窑仿汝釉出戟花觚（一對）

高 16.8 厘米，口徑 12.3 厘米

宋代汝窑以其温潤如玉的淡天青色釉而聞名于世，冠宋代五大名窑之首，有“汝窑爲魁”之説。汝窑可細分爲有開片和無開片兩個層次，明代曹昭所著《格古要論》記載：“汝窑有蟹爪紋者真，無紋者尤好。”

景德鎮官窑仿燒宋代汝窑始于明代宣德朝。至清代，雍正、乾隆皇帝酷愛汝窑，命督陶官唐英仿製。雍、乾二朝的仿汝釉，遵循前人審定的品級，刻意燒製出有開片和無開片兩種釉面效果，在燒造釉色工藝上達到了亂真的程度。

花觚，指仿青銅觚的瓷器花瓶。目前已知最早的花觚是杭州老虎洞窑址出土的南宋修内司官窑青瓷出戟花觚殘器。元代是花觚發展時期，較有名的如江西高安窖藏出土的景德鎮窑青花蕉葉紋出戟花觚。明代以後，花觚開始大量出現，包括仿宋瓷製品，如景德鎮官窑遺址中出土的明成化仿官釉出戟花觚殘器。清代康、雍、乾三朝皇帝皆嗜好古物，乾隆皇帝尤好之。

此對乾隆仿汝釉出戟花觚底部均書有“大清乾隆年製”六字三行篆書款，器型俊秀挺拔，釉色幽雋淡雅，實爲乾隆官窑仿汝器翹楚之作。

（李晟超）

大清乾隆年製

清嘉慶　景德鎮窑粉彩象馱寶瓶（一對）

長 25 厘米，寬 19 厘米，高 35 厘米

象馱寶瓶是中國經典的吉祥紋樣，象諧音“祥”，瓶諧音“平”，寓意吉祥平安，故亦稱“太平有象”。大象的吉祥寓意自西漢始，“太平有象”一詞則源于南宋，其形象脱胎于藏傳佛教七珍中的白象寶，于明代産生、清代流行。以瓷塑手法做成立體的象馱寶瓶，并成對陳設，出現于清代乾隆朝，之後廣爲流行。大象四肢直立，回首俯視，長鼻卷曲，神情生動。象背裝有華美的披搭及鞍座，鞍座上馱有銅胎掐絲珐琅葫蘆瓶。

（李晟超）

清　粉彩仿生荔枝

長 6 厘米，寬 3 厘米，高 4.4 厘米

象生瓷，指真實模仿動植物形象或其他材質工藝品的瓷器。中國陶瓷史上，清初江蘇宜興窑製作的紫砂象生瓜果，開創象生陶瓷製作的先河。清代中期，景德鎮的製瓷技術達到歷史巔峰，窑工熟練掌握了釉彩配方及燒窑技術，可隨心所欲地仿製各種物品，無論形態還是質感均酷似原物，憑肉眼幾乎難以辨别真假。

這件粉彩仿生荔枝折枝樹幹彎曲，緑葉微卷，結荔枝兩枚，枝葉與荔枝皆設色巧妙，幾可亂真。“荔枝”諧音“利至”，兩枝相連，寓意“利至連連”。

盛放荔枝的黄楊木雕梅花紋蓋盒外還套有一紅木匣，形成二重盒的構造。匣外題銘：“乾隆窑磁胎雙連荔枝。壬戌中秋醇郡王爺恩賜賞得。”匣内題銘：“一騎紅塵妃子笑，無人知是荔枝來。佳物偶得，借古抒興。”鈐印：任公(朱文)。“醇郡王爺”即醇親王——光緒帝生父奕譞，可見此物或爲奕譞舊藏。

(李晟超)

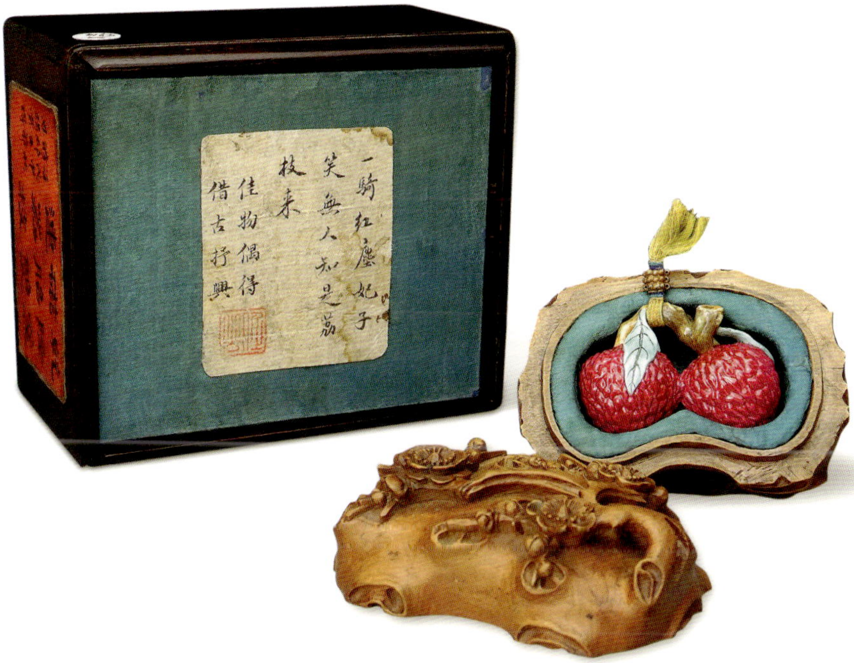
一騎紅塵妃子
笑無人知是荔
枝來
佳物偶得
借古抒興

少峰

雜項

從文房器物談雜項

陳　偉

“雜項”之謂，即指書畫、陶瓷、玉器之外的所有工藝歸類。林林總總，“雜”羅萬象。它根始于生活，漸追演成工藝，在民族傳統藝術中歷史最爲久遠。從遠古的石器時代，先民們使用石器到美化雕琢石器，從七千年前使用象牙和發現認識漆，就是由生活勞動的工具，到審美意識的萌發和追求，從而演化成琳琅滿目的雜項藝術品。

回溯“雜項”工藝的發展，歷朝各代或創製或推進，各具特色，各領風騷——商周時期的青銅器，冶煉技術和製造工藝領先于世，已達鼎盛階段；春秋戰國至秦漢是漆器製作的第一個繁榮時期，之後尤以漢代最爲輝煌；唐代出現金銀平脱和嵌螺鈿兩種工藝；雕漆的出現則是宋代的突出成就，至元代涌現了一批製漆名家；戰國時期的金銀錯技藝，發展至漢唐的銅鏡成爲了金屬製器的典範；由波斯傳入的掐絲珐琅工藝在元代發揚光大，爲金屬製器增添了新葩；明代的“宣德爐”獨步天下，一直爲後世追摹；明末興起的文人竹刻，集詩書畫刻于一體，呈現典雅雋永的風格；明清兩朝在“雜項”的各項工藝上集大成，漸臻登峰造極。

上海文物商店作爲歷史悠久的名店，藏品主要以明清兩朝爲主。在“江海琳琅·上海文物商店藏品展”中，精選了不同工藝和材質的明清兩朝雜項藏品，涉及竹、木、石、漆、金屬器等，每款均工藝精湛，或爲名家遺珍。

目前雜項收藏中以文房器和文玩類較爲主流和熱門。本書選取的周亮工款紫檀鑲玉竹節拂塵柄、鄧渭刻《赤壁賦》圖竹筆筒、金西厓刻蘆鳥竹臂擱、沈存周製瓜形錫硯滴、黄楊木雕雲龍嵌玉熊紙鎮、體量碩大的宣德款銅連座壓經爐、計光炘銘楊龍石刻井田端硯等，皆爲文房精品，精彩紛呈。

在此篇中，暫從文房器物這一重要視角，探討雜項的材質之美、工藝之精、設計之妙及藝術之奇。

在中國古代，“文房”原指國家典掌文翰的地方，亦即官府掌管文書的處所，至唐代，延伸爲文人的書房。唐代詩人元稹《酬樂天東南行詩一百韵》詩曰：“文房長遣閉，經肆未曾鋪。”文房之謂便逐漸作爲書房、書齋、畫室的代稱。隨着原意羽化，“文房”又特指文房四寶等相關用具及陳設和把玩。

狹義的文房，指筆墨紙硯等文房四寶，廣義指筆筒、筆擱、筆架、筆山、筆插、筆舔、筆洗、墨床、墨盒、硯滴、硯屏、硯盒、印泥、印盒、水丞、臂擱、鎮紙、壓尺、裁刀等用具，林林總總，選材施藝各有不同，不一而足。擴展者香爐、香薰、香筒、奇石、盆景、花瓶、花插、拂塵、如意、琴瑟乃至榻、几、案、桌、椅、櫃等，舉不勝舉，由此構成了“文房四寶”“文房清供”“文房清玩”“文房雅賞”之概念，既有實用必備，又有意境陳設，還可揣摩把玩。

中華文明源遠流長，孕育出獨特的文化景象和人文風貌。文房無疑是中國傳統文化傳承中最直觀的存在，同時又體現了不同時代的文化特徵和精神寄托。

文房四寶可溯于戰國至漢代，作爲書寫實用工具的筆墨紙硯相繼出現。彼時尚未追求用器的質、表之美，却以此爲開端，涓流成河，獨樹一格。六朝是歷史上文人雅士輩出的時期，精神上追求超凡脱俗，移情于咏物興志，寄情于田園山水，灑脱不羈的“竹林七賢”，閑逸怡性的田園詩派鼻祖陶淵明堪爲這一時期獨領風騷的名流雅士之代表。六朝承漢啓唐，尤其在文化傳統上，對後世知識分子人文精神的形成影響深遠。

唐宋以降，貞觀之治帶來的社會穩定，促進了經濟和文化的繁榮興盛。文臣學士涌現，咏物之風轉盛，或以物銘志，或托物寄情。唐文化包容并畜，多元融匯，風采獨特，令人嘆爲觀止。如現藏于日本正倉院的唐嵌螺鈿紫檀五弦琵琶，器形是西域的，藝制是中原的，正是唐代工藝豐富多彩，完美融合的實物見證。在文房用具上，也從注重實用變爲講究材質、工藝和美觀。端、歙、洮、澄四大名硯，即在唐代時已經開采製作，并在材質的使用功能，形制和工藝上達到了和諧。

唐文化是熱烈外向的，豐姿盈貌，色彩斑斕。宋代由于理學的興起，較之唐文化而言則内斂理性，但又不失豐沛，追求詩性生活，好古而純粹，温雅而格致。宋代重文輕武，士大夫階層崛起，一般的官員都具有學者、詩人、畫家的特質。文化生態的影響，文人墨客的推波助瀾，使文房的内涵和外延繼續發展和豐富，文房用品的收集和配置成了書房構成的要素和定式，并從實用轉向格調清雅、風物逸韵的審美追求。“文房清玩”“文房雅賞”的概念與風氣應時而生。

明清兩朝此風更甚。因掣肘于當時的科舉制度和社會发展等因素，大多數文人學士都無法進入仕途，轉而閑隱一隅，舞文弄墨，長于咏物品味，養成賞玩文房供物的雅趣癖好。許多文人及書畫家傾心研究文房用具之精良，文房家具之雅致，案頭陳設之巧琢，視博古賞辨爲博學多識的象徵，不少巨賈富商也附庸風雅參與其中。這一風尚直接影響和推動了明清時期對文房用具更多材質的挖掘和它的藝術成就。明朝中葉发端于疁城的文人竹刻，便是應運而生的文房之珍，簡素的材質，高雅的品味，精美的工藝，因極符文人氣質而深得文人喜愛，備受文人推崇。明清時期由于風氣所染，文人商賈雅賞所求，工匠藝人物力所追，匯成了文房藝術風潮。

文房表述的是一種人文精神，象徵着中國傳統知識分子的風骨，是文人雅士的心頭所好，寄寓着他們的心志人格。從文房的演進來看，無論是從求實用，還是用賞并重或純粹賞玩，歷朝歷代風尚不同，審美不同，雖材質可各异，工藝有區別，但均各呈其妙、各現其趣，并在旨趣、格調、品味上出奇一致。因追求的是精神情感的體驗，而使得文房之物被注入了精神之魂，有了共同的鮮明特性，即“清、雅、淡”的審美特徵。

“清”，寓意品行操守，清波濯污。

“雅”，寓意審美情趣，優雅文静。

“淡”，寓意生活態度，澹泊明志。

這就是文房的美學靈魂，文人的風骨所在。通過文房的傳情寄意，中國傳統文化中的人文精神得以記録、銘刻在文房這一載體上而被傳承下去。

文房用具的材質以竹、木、銅、瓷、石居多，質樸無奢但大多構思精巧，匠心獨運。一件令人稱絶贊嘆的文房之器，造型注重綫條流暢，静莊端麗，骨骼清奇，厭扭捏作態，無病呻吟；工藝雖簡但求不苟，簡約中見精美，寸縷間見匠心，厭奇技淫巧，堆砌繁複；圖案紋飾清新疏朗，韵雅氣逸，主題鮮明，厭毫無章法，眼花繚亂。簡約的造型，精美的工藝，典雅的紋飾賦予文房獨有的書卷氣息。

在當今的收藏領域，文房之美、文房之精、文房之雅已成共賞；文房之格調、文房之内涵、文房之意境亦成共識。文房以其鶴立獨行的氣質，超凡脱俗的風骨，精致典雅的身姿在藏界自成一格，是中國傳統文化得以承載的獨具魅力的文化符號，藴含着豐厚的文化基因，備受藏家玩友的追捧和迷戀，是現代人營造美學生活的重要部分，并在珍愛和有序的遞藏中使優秀的中國傳統文化得到保護、繼承和發揚。

清　芙蓉石雕持經觀音坐像

高 19.5 厘米

觀音右手持經卷，左手持捻珠，法相端莊慈祥，綫條温潤圓舒，整體造像比例協和，衣褶飄逸流暢。明朝風格的觀音像相對來説五官比較精緻細小，額堂和臉頰開闊豐盈，手背和脚背飽滿弓起，指如藕節，這尊持經觀音坐像帶有明朝風格。

所謂“芙蓉石”是壽山石系中頗爲珍貴的一種，質温潤如玉，純净無暇。坐像材質上乘，歷經歲月，雖有小損，實屬不易，尤顯難得和珍貴。

（陳偉）

清　周亮工款紫檀鑲玉竹節拂塵柄

長 16.5 厘米

柄斷作扁狀竹節形，口鑲玉珌。器柄竹節上刻“思愔愔，蘄無塵”竪直六字，落“亮工”款識，書體爲明清開始流行的館閣體，端秀工整。一截柄斷，睹物静穆，視之净清，包漿沉鬱，玻光如鏡。“愔”，安静無聲，默默無言；“蘄”，祈求。“思愔愔，蘄無塵”意爲：在安逸書齋内默默静思，從而去除壓力重負，求得内心超然脱塵。句子彌漫着禪意，據此推斷此物應爲拂塵的柄斷。

周亮工（1612–1672），學人稱“櫟下先生”，明末清初人。博學多才，詩文、金石篆刻、書畫皆有很深造詣。從政爲官期間，經歷坎坷跌宕，閲盡官場人生。而這“思愔愔，蘄無塵”六字，亦印證了櫟下先生的静思和反省，以及祈求返璞歸真的心境。

（陳偉）

思愔
愔斷
無塵
亮工
周

清　沉香木雕山水人物筆筒

高 14.6 厘米，直徑 13 厘米

整器取大料一木整挖，隨形而製，配紅木底。口沿平整，壁身上大下收，通體凹凸有致，包漿油潤細膩。整體布局精心設計，分別以高浮雕、淺浮雕配合陰刻等技法，刻畫出通景山水。外壁以高浮雕來表現山石之蜿蜒，怪石之嶙峋和松柏之遒勁蒼老。茅舍草屋，錯落其間，山石上粗細不一的綫條表現山石的肌理層次，渾然天成，極具文人意趣。

沉香木自古以來就是極爲名貴的材料，明清兩代宮廷皇室皆嚴格按等級制度分配沉香用度。因其具有抗菌、香氣入脾、清神理氣、補五臟、止咳化痰、暖胃温脾的特點，故將其製成各種文房器物、手串、朝珠等。

筆筒是文人書案上的常設之物。“筆之在案，或側或頗，尤人之無儀，筒以束之，如客得家，閑彼放心，歸于無邪。”這是明代朱彝尊所作《筆筒銘》。筆筒出現的時代較晚，但它所具有的藝術個性和文化品位極高，加之當時匠人們通過精湛的手藝，精雕細琢，使筆筒的每一處綫條都極富表現力，因而備受文人雅士的推崇，時至今日仍長盛不衰。

（王卓凌）

清　黄楊木雕雲龍紋嵌玉熊紙鎮

長 26.5 厘米

黄楊木質地，中間鑲嵌白玉熊飾，采用雕鑲結合的工藝，互爲烘托，相得益彰。滿工鎮面充分利用黄楊木堅韌細膩的特性，刀法委婉流暢。如意雲頭紋蒸騰舒卷，祥龍忽隱忽現穿梭其間，真所謂“風生雲，雲生龍”，雲龍呼應相接，絲絲入扣。

紙鎮中嵌入的白玉熊飾，猶如一朵飄浮的白雲，不僅起到畫龍點睛的作用，也體現出整器的高貴之氣。“熊”是中華民族最早的圖騰之一，寓意能量、能力等，被古人視爲神力的化身。白玉熊綫條簡潔，造型敦厚，從其工藝特徵來看，應早于此款紙鎮，不晚于明朝或更早。

紙鎮爲書齋畫軒的必備文房之一，材質一般以各類硬木居多，諸如紫檀木、黄花梨、酸枝木、鐵力木、楠木、鷄翅木等，兼以竹、銅、玉、石、瓷等，取材多樣。除實用性外，精品佳作更側重案頭賞玩之功。由于常見的紙鎮多爲長方條形，故也稱作鎮尺、壓尺。

最初的紙鎮并無固定形狀，源于古代文人時常將小型的青銅器、玉器放案頭上把玩欣賞，因器物有一定重量，在賞玩的同時，也會信手用來壓紙或壓書，久而久之，發展成一種特定的文房用具——紙鎮。

此款黃楊木雕雲龍鑲玉熊紙鎮，以刻木之法呈琢玉之效，打磨精微，故包漿清澈，光潔柔和，無留分毫刀迹琢痕，所謂 “乾隆工” 之譽毫不爲過，是此類器物中難得一見的上乘力作。

（陳偉）

清　銅胎畫琺琅山水圖盤（一對）

直徑 16 厘米

　　侈口弧腹，下承圈足，口沿及圈足鎏金，銅胎厚重壓手。所繪圖案爲通景山水。遠處青峰聳立，山巒叠嶂，一條大江蜿蜒貫穿而下，將畫面分爲左右兩岸。左邊山上緑樹常青，高塔屹立在古橋邊，漁船泊岸落帆，漁家船頭休憩，一亭臺草廬隱于山林之間。右邊村户錯落岸邊，兩個旅人正在趕路。整器取景廣闊，筆法細膩，色彩鮮明。盤口加飾孔雀翎眼花紋，更顯盛世富貴之氣。

　　琺琅依據加工工藝的不同，又可分爲掐絲琺琅器、鏨胎琺琅器、畫琺琅器和透明琺琅器等品種。

　　畫琺琅器又稱“洋瓷”，于清代康熙年間由歐洲傳入中國并引起了清代帝王及王公大臣的關注，于是清政府分别在广州和北京宫廷包括之後的蘇州設立了琺琅器製造作坊。借鑒掐絲琺琅器、瓷器和料器的生産，并吸收歐洲畫琺琅工藝製作方法，成功地燒製出了在圖案題材、器物造型、琺琅色彩以及使用功能等各方面都具有自身風格特點的畫琺琅器。從清代藍濱南在其《景德鎮陶録》一書中對畫琺琅器的描述可知，畫琺琅器是以金屬銅做胎，用五顔六色的琺琅釉經燒製而成。由康熙朝發展至乾隆時期達到頂峰，清中期以後在民間逐漸廣泛使用。

（王卓凌）

清　銅鎏金竹形勺

長 22 厘米

這是一件銅製鎏金勺，看似極爲普通，却構思清新，設計巧妙，工藝精緻，用料考究，是集賞玩與實用爲一體的佳作。

整器長 22 厘米，勺柄以九節竹段形成自然弧度，呈頗具動感的風竹之貌。竹根處緊促，至竹節逐段舒展，在竹梢的兩側生出幾片疏朗有致的竹葉，恰好順勢而爲地成了勺底的外裝飾，自然過渡，匠心獨運，表現了竹枝竹葉的生動姿態。

此款竹形銅勺，選料爲精煉紅銅，質地致密，打磨光潔，幾無氣眼。在竹葉、芽節、勺内底的香草龍紋和内沿處局部施以鎏金工藝，使之顯得既高貴又内斂，既奪目又素雅。

（陳偉）

清　宣德款銅連座壓經爐

高 20 厘米（連銅座），直徑 32 厘米

此爐體量碩大，造型規整，銅質精良。口沿寬平，微外撇，頸部内收，方形鋬耳上翹，上寬下窄，鼓腹連三乳足，綫條優美，健碩有力。内膛精打磨，底部精修“宣德年製”鐵綫長篆款。原配如意足荷葉座，中心下凹，三道棱綫至座邊緣拱起荷葉邊，上承爐足。爐、座通體敷棗紅皮色。用于敬神禮佛，盡顯莊嚴，極具皇家氣度，爲清代早期標準壓經爐形制。

壓經爐爲宣德爐範疇，與衝天、蚰龍、鬲、馬槽等皆爲宣爐經典器型。本朝“宣德爐”是否存在，目前學界還有不同觀點，以現存實物來看，并没有公認的標準器。絶大多數所謂的“宣德爐”都是明中晚期以後鑄造，製作巔峰期爲晚明至清初。各式經典的造型，簡約流暢的綫條，極富力度的耳足，金石味濃鬱的款識，握之沉墜的手感，曼妙多姿的色澤，都與當時社會背景相應，和文人審美意趣相投。這也是宣爐經久不衰，世代競相仿製，子孫永寶的原因。

（王卓凌）

清　剔紅三幢圓蓋盒（一對）

高 19 厘米，直徑 6.7 厘米

此對蓋盒各分三層，盒蓋和盒底兩部分器身周圓剔飾蟬紋，中間二節周圓剔飾獸面紋，具青銅紋飾效果，使器物更有厚重感。全器剔地部分均作回紋，襯托凸顯主體紋飾，運刀乾凈爽利，裝飾性極强，在剔紅器中此形制也較爲少見。

剔紅作爲雕漆的一品，在漆器類器物中占據重要一席，可塑性極强，表現力極佳，富貴華麗，貴胄庶黎，上通下達。

（陳偉）

清　鄧渭刻《赤壁賦》圖竹筆筒

高 14 厘米，直徑 9 厘米

此筆筒由鄧渭操刀，形制取橢圓形竹節爲之，頗爲罕見。正面刻畫詩意圖，取蘇軾《前赤壁賦》中“蘇子與客泛舟游于赤壁之下”、“舉酒屬客，誦明月之詩，歌窈窕之章”的場景，表現“浩浩乎如馮虚御風，而不知其所止；飄飄乎如遺世獨立，羽化而登仙”的意境。背面録蘇賦的前兩段，書畫合璧，兩相映應。

鄧渭運刀，令文字化作真切的情景：雲疏氣朗的夜空，月升中天；流湍浪涌的湖面，泛舟而行；沿岸崇山峻嶺，古木參天，蒼松虬勁似飛龍舞爪。畫面不僅飽滿，層次豐富，且空間廣闊，有溢出之感。運刀細膩精準，絲絲入扣，尤其是樹枝和山巖的肌皴互爲關照，過渡自然，交融一體，誠謂妙品。參照赤壁由山地、丘陵、崗阜、平原、湖泊構成典型的溶蝕性地貌，再回看畫面中場景和山崗壁巖的肌理皴法，此種溶蝕性的特徵令人驚嘆叫絶，堪稱神來之刀。如此神妙之品，真可相與枕藉于懷中，“不知東方之既白”。筆筒另一面所刻書法亦章法嚴謹，瑰麗雋永，筆力刀功俱佳，可謂雙妙。

（陳偉）

清　沈存周製瓜形錫硯滴

高9厘米，底徑6厘米

硯滴又稱水滴、水注，是傳統文房器物，特殊的注水器具。《飲流齋説瓷》中這樣記載："水滴，像形者，其製甚古，蟾滴、龜滴由來已久，古者以銅，後世以瓷。明時有蹲龍、寶象諸狀，凡作物形而貯水不多則名曰滴，不名曰盂。"硯滴的出現與筆墨的使用和書畫的興起有關。最初古人在使用各種形狀的水壺、水盂類器皿研墨時发現，用水壺、水盂往硯池中倒水時，水的流量往往很難控制，于是就发明了便于控制水量的研墨用具，所謂"水流細緩者"即硯滴。

此硯滴選用精細錫料打製而成，瓜形，聳肩，束頸，鼓腹，瓜棱底中心略凹，蓋鈕爲瓜蒂狀，中空連管于硯滴内，底部陰刻"鷺雝"篆書款，字體古樸遒勁。器身刻有上下兩段銘文，上文曰："南畝携來種，桑陰任意載。應知甘雨好，翠蔓蕊初開。丁酉上巳日，沈存周製。"下文曰："澤潤詩葩，垂葉似碧，結實如金，書窗閑對，抱膝長吟。竹居主人，鷺雝銘。"

沈存周，字鷺雝，號竹居主人，浙江嘉興人，清初製錫名家，别號"沈錫"。據《耐冷談詩話》載："康熙初，沈居嘉興春波橋，能詩，所治錫斗，鐫以自作詩句。錢籜石詩集中載有《錫斗歌》，頗令人稱贊。"

錫器因享有"盛水水清甜，盛酒酒香醇，儲茶味不變，插花花長久"的特性而備受世人喜愛。沈存周所製錫器常加篆刻詩文，雖刻猶寫，金石味濃厚。曾有云："沈存周凡雕鏤詩句、姓氏、圖印，即世工書篆者不能過。"可見沈存周不僅是一位製錫高手，更是具有極高詩書造詣的文人，能將當時文人雅士所推崇的審美意趣融入藝術創作之中。

（王卓凌）

清　計光炘銘楊龍石刻井田端硯

長 9.9 厘米，寬 8.7 厘米，高 1.8 厘米

硯爲端石琢製，色呈紫紅，細膩幼嫩。硯式小巧方正，正合摩挲把玩。硯額開長方形墨池，硯面淺浮雕“井”字，是謂井田硯。

井田硯，是硯雕藝術中時常出現的題材，古代文人以筆耕謂其讀書、作文生涯的代稱，常有“儒老終身耕此田”“筆耕無税，永爲良田”之感嘆。爲了表達筆耕之意，井田硯的出現便是自然。

此硯硯背琢覆手，覆手内有銘曰：“石田一井，先人遺子孫，耕之可以樂飢。此家藏舊硯，手澤存焉。光炘謹爲之銘。”旁題：“道光丙申（1836）七月吴江龍石勒。”硯銘由計光炘作，楊龍石爲其刻。爲了表示自謙，“光炘”兩字縮小并鎸刻較淺。

計光炘（1803–1860），清書畫家、藏書家。字曦伯、曦白，自號二田，又號魚計，别署竹林逸士，浙江秀水（今嘉興）人，居聞川（今王江涇鎮）。爲計楠侄。

楊澥（1781–1850），字竹唐，號龍石，又號石公等。江蘇吴江人。精于金石考據之學，尤擅治印、刻竹、製硯和印盒。其作品具金石之氣而無嫵媚之習，爲嘉道間一代名家。

附黑漆硯盒，其上滿灑螺鈿屑。

（華慈祥）

石田一井先人遺子
孫耕之可以樂飢
此家藏舊硯
謹爲之銘
道光丙申七月

民國　金西厓刻蘆鳥竹臂擱

長 25.5 厘米，寬 7.5 厘米，高 2 厘米

臂擱以竹爲材，以花鳥爲題，以淺刻爲法，畫面疏密有致，綫條剛柔并兼。流暢又頓挫的運刀，再現了原稿筆墨的濃淡變化，輕重緩急的節奏和神韵，一幅生動的花鳥之作躍然竹上。畫面的上方是幾片風過葉亂、形態各异、交織重叠的竹葉，寥寥數筆，以簡示繁。中間攀緣于蘆葦上的小鳥四處張望，羽毛蓬鬆竪起，仿佛隨時驚飛。下端一株倒伏的蘆杆，枝頭結出沉甸甸的蘆穗。風中蘆葉，垂頭蘆穗，欲飛小鳥，以少勝多、以小見大地勾勒出一幅生動的《蘆叢秋景圖》。

臂擱的右下方刻落款爲："少峰先生雅屬。癸亥十二月拱北畫，西厓刻。"癸亥年即 1923 年。金城（1878–1926），原名紹城，字拱北，號北樓，浙江吴興人，工山水、花鳥。金紹坊（1890–1979），字季言，别署西厓，與金城互爲昆仲，擅書畫，精刻竹。此件竹刻臂擱爲金氏兄弟合作而成，堪爲珠聯璧合。

（陳偉）

展覽主辦：上海文物商店

展覽總策劃：趙婧

内容策劃：羅青源、金雷、張夢曉

特邀撰稿：凌利中、張尉、陸明華、陳偉（按姓氏筆畫排列）

學術顧問：施遠、胡巍、凌利中、張東、張尉、陸明華、陳偉、華慈祥（按姓氏筆畫排列）

陳列設計：袁啓明

展覽協調：鐵寶康、王勤、楊玉峰

展品説明：張尉、華慈祥、陳偉、金雷、張夢曉、施泳峰、王卓凌、潘曉芳、蔡俊、李晟超、周雅克

資料統籌：潘曉芳、張毅源、施泳峰、蔡俊、沈建榮、方歆、朱文建、王亮、吴偉、胡曉敏、周雅克、王藝璇、尹潔漪、李申龍

攝影：汪超、金仕彧、上海雅昌藝術印刷有限公司

内容審校：張夢曉、許怡婷

展覽保障：薛偉忠

圖書在版編目（CIP）數據

江海琳琅：上海文物商店藏品集 / 上海文物商店編
. -- 上海：上海書畫出版社, 2022.8
ISBN 978-7-5479-2877-6

Ⅰ. ①江… Ⅱ. ①上… Ⅲ. ①文物—上海—圖集
Ⅳ. ①K872.512

中國版本圖書館CIP數據核字(2022)第158615號

江海琳琅
上海文物商店藏品集

上海文物商店　編

主　　編　趙婧
責任編輯　張恒煙　馮彥芹
審　　讀　陳家紅
責任校對　黄潔　朱慧
技術編輯　包賽明
裝幀設計　郭咪咪

出版發行　上海世紀出版集團
　　　　　上海書畫出版社
地址　上海市閔行區號景路159弄A座4樓
郵政編碼　201101
網址　www.shshuhua.com
E-mail　shcpph@163.com
印刷　上海雅昌藝術印刷有限公司
經銷　各地新華書店
開本　787×1092mm　1/16
印張　10.125
版次　2023年2月第1版
　　　2023年2月第1次印刷

書號　ISBN 978-7-5479-2877-6
定價　258.00圓